中华诵·经典素读教程系列

# 中华经典素读本

## 第十七册

王海兴◎主编　　高笑可　高珂◎编撰

中华书局

**图书在版编目(CIP)数据**

中华经典素读本.第十七册/王海兴主编;高笑可,高珂编撰.
—北京:中华书局,2017.5
(中华诵.经典素读教程系列)
ISBN 978-7-101-12483-5

Ⅰ.中… Ⅱ.①王…②高…③高… Ⅲ.中华文化-中小学-
课外读物 Ⅳ.G634.303

中国版本图书馆 CIP 数据核字(2017)第 042252 号

| | | |
|---|---|---|
| 书　　名 | 中华经典素读本　第十七册 | |
| 主　　编 | 王海兴 | |
| 编 撰 者 | 高笑可　高　珂 | |
| 丛 书 名 | 中华诵·经典素读教程系列 | |
| 责任编辑 | 祝安顺　白爱虎 | |
| 出版发行 | 中华书局 | |
| | (北京市丰台区太平桥西里 38 号　100073) | |
| | http://www.zhbc.com.cn | |
| | E-mail:zhbc@zhbc.com.cn | |
| 印　　刷 | 北京瑞古冠中印刷厂 | |
| 版　　次 | 2017 年 5 月北京第 1 版 | |
| | 2017 年 5 月北京第 1 次印刷 | |
| 规　　格 | 开本/880×1230 毫米　1/32 | |
| | 印张 9⅛　字数 100 千字 | |
| 印　　数 | 1-5000 册 | |
| 国际书号 | ISBN 978-7-101-12483-5 | |
| 定　　价 | 19.00 元 | |

# 目 录

# 第二单元　两汉卷

# 第二单元　魏晋卷

# 第四单元　南北朝卷

# 出版说明

　　教育部《完善中华优秀传统文化教育指导纲要》指出："加强中华优秀传统文化教育，是构建中华优秀传统文化传承体系，推动文化传承创新的重要途径。"由陈琴老师经过长期实践和探索总结形成的中华经典素读教学法，是当前中小学中华优秀传统文化教育中相对成熟、卓有成效的教学范式之一。

　　为了让经典素读教学法更广泛地服务于中小学中华优秀传统文化教育，中华书局组织编写了"中华诵·经典素读教程系列"，并于2012年首先出版了陈琴老师主编的《中华经典素读本》一至十二册。《中华经典素读本》一至十二册主要供小学阶段使用，在编排上贯彻经典素读教学理念，注重积累，分层递进，精选版本，大字注音呈现。出版以来，屡屡重印，受到了教师、学生和家长的肯定和欢迎。

　　为了满足中学阶段的经典素读教学需要，帮助学生积累文言词汇，增强文言阅读语感，初步把握中国古代文学创作中常见文体的特点，感知传统文化中蕴含的"自强不息""道济天下"等精神，我们委托北京景山学校王海兴老师主编了《中华经典素读本》十三至十八册。这六册在编写中注重增强学生对中华优秀传统文化的理解力，在精选经典原文的基础上，增添了精当的注释和翻译，并辅以阅读提示和学问思辨，辅助学生阅读，启发学生思考，帮助学生深入理解文本；在开本上，选择便于携带的特32开。至于本套读本的编写和使用情况，详见主编王海兴撰写的《编者的话》。

中华书局编辑部

2015年11月

# 编者的话

2014年3月26日，教育部发布了《完善中华优秀传统文化教育指导纲要》，明确了在中小学以及高校开展传统文化教育的重要性和紧迫性。《纲要》提出"把中华优秀传统文化教育系统融入课程和教材体系"，鼓励编写中华优秀传统文化读本以及多层次、成系列的普及读物。《纲要》还明确指出要"增加中华优秀传统文化内容在中考、高考升学考试中的比重"，这就给中小学乃至高校的传统文化教育指明了方向，明确了思路。

中学生要想更为高效、比较全面地了解传统文化，就不能只靠语文课本，还要博览精读，把宝贵的时间用在诵读优秀的作品上，这就是我们编选这套《中华经典素读本》的初衷。

语言文字不仅仅是交际工具，更是承载人类文明的重要媒介。在当今社会，文言文虽然已经不再是人们交际的工具，但其中蕴含的中华民族的道德理念、价值观等却亘古常新。学生诵读这些文本的过程，就是和古人开展心灵对话，向他们汲取智慧，培养自己高尚的人文情怀和道德情操的过程。为了更好地落实这些理念，我们在编选这套读本时，确立了如下原则。

**一、章节编排**

全套书分为六册，初级、中级、高级各两册。每一级则按照时代顺序编排，分为先秦卷、两汉卷、魏晋卷、南北朝卷、隋唐五代卷、两宋辽金卷、元明卷、清及近代卷等八个单元，每册四个单元，目的是让学生尽量全面、系统地感知我国各个历史时代较有代表性的作品和思想潮流。

此外，六册书按照难度系数，由浅入深，逐级递进。比如第13册中的先秦部分，主要是一些寓言故事、神话故事。进入第15册，先秦部分就更多地开始出现具有一定难度的历史故事片段，对于诸子百家的选编也更强调完整性、系统性。这种编排有利于学生按照自身特点，逐步提升阅读古文的能力。

二、文章选择

各个历史时代的选文，首先力求文质兼美，便于诵读。古人为文，抱有强烈的功业意识——所谓"文章者，经国之大业，不朽之盛事"。出于这种创作目的，从整体布局而言，古人特别讲究行文的起承转合，抑扬推进；从字句锤炼而言，或以单行散句为主，或骈偶结合而行；从风格而言，或流利畅达，或简洁凝练。诵读这样的文章，对于学生体会古文凝练、雅致之美是很有帮助的。

其次，各个时代的选文，力求有利于学生汲取养料，吸纳其中仍然鲜活的因子，以便更好地学习现代汉语。现代汉语的语言系统是由古代汉语发展变化而来的，二者一脉相承，是"源"与"流"的关系，既有差异性，又有着千丝万缕的联系。为了让学生更好、更快地汲取古代汉语中的养分，我们对文章中富有哲理、言辞优美、情蕴丰厚的句子划线标注，以便于大家在最短时间内，把握文章精髓，提升自己的文化素养。

再次，内容涵盖全面。作为世界四大文明古国之一，中华文化绵延不绝，内涵丰富多彩、博大精深。英国科技史专家李约瑟曾列举了中国一百多项对世界的贡献，认为有许多古老的发明都源自中国。在中华民族文化复兴的契机下，本着培养学生民族自豪感的目的，我们编选的这些文章，内容涵盖科技、哲学、政治、宗教、历史、教育、文学、书法、绘画、医学、军事等各个领域。同学们在诵读这些文字时，可以初步感知浓缩于其中的中华文明精神，感知中华民族悠久的历史；可以了解历朝历代文人的情感生活，透视他们的文化心态、思维方式。

除此之外，《义务教育语文课程标准》（2011年版）提出，语文教育"为学生形成正确的世界观、人生观、价值观，形成良好个性和健全人格打下基础……语文课程对继承和弘扬中华民族优秀文化传统和革命传统，增强民族文化认同感，增强民族凝聚力和创造力，具有不可替代的优势"。

《语文课程标准》的这段话是我们选编这套作品的重要参考。这些作品或歌咏山川，或记述经历，或阐发哲理，或抒怀言志……它们记录了古人对于真善美理想的执着追求，记录了古代士人心怀天下，道济苍生的宏愿。学生日日浸润之，涵泳之，就会无形中受到精神的熏陶、感染。有助于加强道德修养，树立民族自信心，增强社会责任感，从而塑造完美人格。

最后，文体涵盖全面。大概而言，有骈文有散文。具体言之，则涵盖了辞赋、颂赞、箴铭、哀祭、碑志、序跋、论辩、奏议、书启、诏令、杂记、诗话、词话、戏剧……可以说，这是本套书区别于其他文言读本的一大特点。读者在提升文言阅读能力的同时，对于古代典籍中常见的各种文体也有了基本把握。文体知识既明，对于以后进一步学习乃至赏析古人文言作品，都大有裨益。同时，也有助于古为今用，提升自己现代汉语运用的能力。

### 三、注释翻译

文言文阅读最大的障碍就是字词关。因此，我们在原文下面附列尽可能详尽的注释。注释时，首先涉及的是文章出处。出于对读者负责的态度，我们将尽量选择出自名家之手校勘精严的本子。

对于读者可能不认识的生僻字词，在文中加注拼音；对于一些古今含义差异较大的字词，或者疏通起来比较难的句子，详加注释、解说。注释时，如果是句子，一般是先将其译成现代汉语，然后再分别解释句中的关键字词、典章制度等。如果是字词，则先解释其在文本中的含义。

对于原文翻译，我们将以直译为主，意译为辅。这对于学生更好地把握古代语法、字词句含义是很有助益的。

### 四、阅读提示

文章译文后面，附有阅读提示，主要目的是激发读者的阅读积极性，帮助读者更快、更好地进入文本。具体而言，遵循下列原则。

首先，注意结合作者所处时代和文章文体方面的特点，或突出其历史价值，或彰显其文化意义，或揭示其哲学意蕴……既注意对读者的启发性，又要求具有一定深度，以期真正起到辅助阅读的作用。

其次，倡导开放性阅读。为方便教学或者加深读者对文章的理解，还设置了"学问思辨"环节，目的是鼓励读者开发想象，独立思考，对文本提出看法和疑问。

最后，对文章涉及的一些有趣味的话题，提供可以相互参看的阅读书目、文章篇目或者线索。目的是以原文为生发点，激发读者更为广泛的阅读兴趣。对于一些不太好查找的篇目，附录于"学问思辨"之后，以便拓展学习。

**五、使用方法**

本套书每两册为一个独立系统，分别涵盖先秦、两汉、魏晋、南北朝、隋唐五代、两宋辽金、元明、清及近代八个大的历史阶段。这样编排，一方面有利于读者在阅读中了解相对完整的文学发展脉络，另一方面也便于授课教师根据学生实际需要，重新将内容进行编排组合。比如将六册书中的先秦卷部分组合到一起，就是相对完整的先秦文学史。

除此之外，本书编排还照顾到了学生每学期在校学习的时间。每册书共四大单元，比如，第十三册分先秦、两汉、魏晋、南北朝四个部分。先秦单元中又分四个小的版块，分别是：远古神话，大美中华；医易同源，泽被苍生；诸子智慧，发蒙醒聩；以史为鉴,可知得失。这样，每册书算起来一共是十六个小版块，和学校每学期十六到二十周的教学时间安排大致吻合。了解到这一特点，在实际运用中，教师就可以带领学生每周解决一个小版块——学习量不大，同时又能做到细水长流，积少成多。具体学习方式可以通过选修课，也可以作为课下作业留给学生。

读者在阅读本书时，可以尝试在脱离注释和翻译的情况下独立疏通原文。文言文学习和英语学习一样，既要积累词汇，也要注意培养语感。积土成山，读得多了，阅读能力自然就增强了。在借助古汉语词典或者注释，仍然无法理解原文的时候，再去翻看译文，这样看似耗费时力，实则更有利于初学。再有，文章赏析只代表编纂者对文本某一方面的理解，所谓"诗无达诂"，对于古代典籍的理解也是如此。因此，读者要保持独立思考的习惯，并结合"学问思辨"环节提出自己的看法。

当然，由于编写时间紧促，再加上学养所限，这套书肯定还存在很多问题。我们由衷期待着更多专家的指教，以便我们修订。

王海兴

2015年10月

# 第一单元　先秦卷

　　沧浪之水清兮，可以濯吾缨；沧浪之水浊兮，可以濯吾足。

# 一　立德立言，斯称不朽

## 《离骚》节选①

屈原

　　余既滋兰之九畹（wǎn）②兮，又树③蕙（huì）之百亩。畦（qí）留夷与揭车兮④，杂杜衡与芳芷（zhǐ）⑤。冀枝叶之峻茂兮，愿竢（sì）时乎吾将刈（yì）⑥。虽萎绝⑦其亦何伤兮，哀众芳之芜秽⑧。

　　众皆竞进以贪婪兮，凭不厌乎求索⑨。羌内恕己以量人兮，各兴心而嫉妒。忽驰骛以追逐兮，非余心之所急。老冉冉⑩其将至兮，恐修名⑪之不立。朝饮木兰之坠露兮，夕餐秋菊之落英。苟余情其信姱（kuā）以练要兮⑫，长顑（kǎn）颔（hàn）⑬亦何伤。擥（lǎn）木根以结茝（chǎi）兮<sup>⑭</sup>，贯薜（bì）荔（lì）之落蕊<sup>⑮</sup>。矫菌桂<sup>⑯</sup>以纫蕙兮，索胡绳之纚纚（lí lí）<sup>⑰</sup>。謇（jiǎn）吾法夫（fú）前修兮<sup>⑱</sup>，非世俗之所服。虽不周<sup>⑲</sup>于今之人兮，愿依彭咸之遗则<sup>⑳</sup>。

长太息<sup>㉑</sup>以掩涕兮，哀民生之多艰。余虽好修姱（kuā）以鞿（jī）羁（jī）兮<sup>㉒</sup>，謇朝谇（suì）而夕替<sup>㉓</sup>。既替余以蕙纕（xiāng）<sup>㉔</sup>兮，又申之以揽茝。亦余心之所善兮，虽九死其犹未悔。

怨灵修之浩荡兮<sup>㉕</sup>，终不察夫民心。众女嫉余之蛾眉兮<sup>㉖</sup>，谣诼（zhuó）<sup>㉗</sup>谓余以善淫。固时俗之工巧<sup>㉘</sup>兮，偭（miǎn）规矩而改错<sup>㉙</sup>。背绳墨以追曲兮<sup>㉚</sup>，竞周容以为度<sup>㉛</sup>。忳（tún）郁邑余侘（chà）傺（chì）兮<sup>㉜</sup>，吾独穷困乎此时也。宁（nìng）溘（kè）<sup>㉝</sup>死以流亡兮，余不忍为此态也。

鸷（zhì）鸟<sup>㉞</sup>之不群兮，自前世而固然。何方圜（yuán）之能周兮，夫孰异道而相安。屈心而抑志兮，忍尤而攘诟<sup>㉟</sup>。伏清白以死直兮<sup>㊱</sup>，固前圣之所厚。

## 注释

①选自洪兴祖撰《楚辞补注》，中华书局1983年版。　②滋：栽培。畹：量词。每畹的土地面积是多少，各家说法不一，多至三十亩，少则不足八分之一亩。依王逸说为十二亩。　③树：种植。　④畦：五十亩。这里用作动词，种一畦的意思。留夷：香草名，即芍药。揭车：香草名。　⑤杜衡：香草名。芳芷：香草名。以上四句以香草为喻，说明自己为楚国培养了大批人才。　⑥竢：同"俟"，等待。刈：收获。草曰刈，谷曰获。　⑦萎绝：枯萎凋谢。萎，草木枯死。绝，落。　⑧众芳之芜秽：比喻众贤与腐朽势力同流合污，改变了操守。众芳，指兰、蕙等香草，比喻自己培养的人才。芜秽，荒芜。　⑨凭：满足，楚地方言。厌：满足。　⑩冉冉：渐渐地。　⑪修名：美好高洁的名声。　⑫信姱：中情实美。与"信芳""信美"同义。信，确实。姱，美好。练要：精粹。　⑬顑颔：叠韵联绵词，形容因饥饿而面黄肌瘦的样子。　⑭擥：持。木根：树根。结茝：本着根本的东西。　⑮贯：积累。薜荔：本是木本植物，但蔓生，古称为草。　⑯矫：举起。菌桂：香木。　⑰索：动词，拧成绳索。胡绳：香草名。纚纚：长而且下垂的样子。以上四句都是用佩带的东西来比喻自己加强修养。　⑱謇：楚地方言，句首语气词。法夫前修：学习前代修习道德之人。　⑲周：动词，合。　⑳彭咸：相传是殷商时期的贤大夫，向君王进谏，君王不听，投水而死（依王逸说）。遗则：留下来的法则。　㉑太息：叹息。　㉒修姱：好德行。鞿羁：马缰绳和络头。缰在口曰鞿，革络头曰羁。此用作动词，被羁束的意思，在这儿指为进谗言之人所系累。　㉓謇朝谇而夕替：早上进谏晚上就被废掉。替，改变，废弃。　㉔蕙纕：香草作的佩带。佩带它以示芳洁忠正。　㉕灵修：楚怀王。浩荡：本指大水横流，这里指楚王骄傲放恣。　㉖众女：喻指国君左右的小人。蛾眉：蚕蛾的眉，细长而曲。用以形容女

子美貌，这里用"蛾眉"比喻贤才。　㉗谣诼：谣，诋毁。诼，进谗言，中伤。　㉘工巧：善于取巧。　㉙偭：背离。规矩：木工用来取圆形、方形的两种工具。圆曰规，方曰矩。这里比喻法度。　㉚绳墨：古代工匠取直线的工具，线上涂墨，拉直后两头固定，弹出直线。这里比喻正直之道。追曲：追随邪门歪道。　㉛周容：苟合取容。度：法度。　㉜忳郁邑：忧愁的样子。这是三字状语，前面一个形容词，后面用一个联绵词，这是《楚辞》中常见的语法结构。侘傺：双声联绵词，不得志而神情恍惚的样子。　㉝溘：忽然。　㉞鸷鸟：鹰类猛禽，这里喻刚强正直的人。　㉟忍尤而攘诟：忍受罪名，含诟受辱。尤，过错。　㊱伏清白：指怀抱清白之志。死直：为直道而死。

## 译文

　　我曾栽培过许多的兰花，又栽种了一百亩的秋蕙。田里种有留夷和揭车，还混杂着种了些杜衡和芳芷。我期待着它们枝叶长得繁茂啊，一到某个时候，我就来收割。即使它们枯萎零落了，又有什么伤心的呢？我最为悲哀的，是它们都被荒废了。

　　大家都争着前进，贪婪追逐，完全不会满足于自己的追求。都自觉宽恕自己而衡量别人，内心争斗互相嫉妒。奔走追逐利益啊，这不是我内心想要去做的。岁月忽忽，转眼老之将至，我担心不能拥有美好的名声啊。早晨，我啜饮木兰花上掉落的露珠啊，晚上，我吃秋菊掉落的花瓣。只要我的感情真诚美好，即使面黄肌瘦又有什么妨害呢？我拿着木根把白芷系上，再用线穿起薜荔的落花。我拿着菌桂来系上芳蕙，串上些长而下垂的胡绳草。认真学习前代修习道德之人，这不是世俗之人的样子。虽然我不能合于现在的这些人，可我愿意依照彭咸所留下来的圣人法则。

《离骚》节选　屈原

5

长长地叹息，掩面而泣，我哀叹人民生计是多么的艰难。我虽然有高尚的德行，小心行事，然而早晨献上的意见傍晚就被否定了。他们攻击我佩戴芳香的蕙带啊，又指责我爱好采集茝兰，这都是我内心所追求的东西，即使多次死亡也不会后悔。

怨恨先王你骄傲放肆，不能了解老百姓的需求。其他小人嫉妒我的美丽和高尚，造谣诽谤说我太过分。固然，他们庸俗，善于工巧，违背了事物发展的规律，胡乱作为。放弃了是非标准而追求错误，以苟合取容作为法度。沉重，忧郁，不安，在这个不幸的当世，只有我是如此的困窘，抑郁不得志。我宁愿早点死去，让灵魂获得解脱，去流亡，我不忍心作那种丑态啊！

刚强正直的人是不合群的，自古以来即是如此。方和圆哪里能够配合呢？哪有不同思想的人能和平相处呢？耐心地压抑我的心志，忍受着责备，接受耻辱的诽谤。我（宁愿）保持清白，为正义而死，那本来是一切前世圣人所尊崇的啊！

**阅读提示**

屈原生活在战国时期的楚怀王时代。根据《史记·屈原贾生列传》记载，他"博闻强志，明于治乱，娴于辞令"，具有远大的理想和抱负。但是，"木秀于林，风必摧之"，他因为才能出众，被朝廷群小"争宠而心害其能"，之后又受到昏庸不明的楚怀王的疏远。这让诗人的内心遭受了深重的折磨。在那个是非颠倒的环境中，在那个流言诽谤到处传播的时代，屈原坚定地追求好的名节和道德节操，即使牺牲性命，也决不改变心志，随波逐流。然而，虽选择了独特的道路，诗人内心的忧愁和愤懑却无处发泄，于是他"忧愁幽思而作《离骚》"，用诗歌创作的方式倾吐自己忧愁幽思、绵缠悱恻的情绪。

本篇所选章节表现了诗人高洁的道德情操，以香草美人比喻不与世俗同流合污的坚定心志，并且不论付出任何代价——哪怕是生命的代价——都不改初衷，以保持自己的正义清白和伟大而高洁的灵魂。

## 学问思辨

屈原的爱国表现在以正义规劝君主，泽被民生以及宁肯自沉也决不同流合污等方面。在价值观急剧变化、人生观丰富多元的现代社会，你如何看待屈原的爱国心？在日常生活和学习中，你的爱国心又体现在哪些方面？

# 涉 江①

## 屈 原

余幼好②此奇服兮，年既老而不衰。带长铗(jiá)之陆离兮③，冠(guàn)切云之崔嵬(wéi)④。被(pī)明月兮佩宝璐⑤。世溷(hùn)浊而莫余知兮⑥，吾方高驰而不顾⑦。驾青虬(qiú)兮骖白螭(chī)⑧，吾与重华游兮瑶之圃⑨。登昆仑兮食玉英⑩，与天地兮同寿，与日月兮同光。哀南夷之莫吾知兮，旦余济乎江湘。

乘鄂渚而反顾兮⑪，欸(ǎi)秋冬之绪风⑫。步余马兮山皋(gāo)，邸(dǐ)余车兮方林⑬。乘舲(líng)船余上沅(yuán)兮⑭，齐吴榜以击汰⑮。船容与⑯而不进兮，淹回水而凝(níng)滞⑰。朝发枉陼(zhǔ)兮，夕宿辰阳。苟余心其端直兮⑱，虽僻远之何伤⑲。

入溆浦余儃(chán)佪(huái)⑳兮，迷不知吾所如㉑。深林杳以冥冥兮，猿狖(yòu)㉒之所居。山峻高以蔽日兮，下幽晦以多雨。霰（xiàn）雪纷其无垠兮㉓，云霏霏而承宇㉔。哀吾生之无乐兮，幽独处乎山中。吾不能变心而从俗兮，固将愁苦而终穷㉕。

接舆髡（kūn）首兮㉖，桑扈（hù）㉗臝（luǒ）行。忠㉘不必用兮，贤不必以㉙。伍子㉚逢殃兮，比干菹（zū）醢（hǎi）㉛。与前世而皆然兮㉜，吾又何怨乎今之人！余将董道而不豫兮㉝，固将重（zhòng）昏㉞而终身！

乱曰：鸾鸟凤皇，日以远兮㉟。燕雀乌鹊，巢㊱堂坛兮。露申辛夷㊲，死林薄㊳兮。腥臊并御㊴，芳不得薄㊵兮。阴阳易位，时不当兮㊶。怀信侘（chà）傺（chì）㊷，忽乎吾将行兮！

## 注释

①选自《楚辞·九章·涉江》（洪兴祖撰《楚辞补注》，中华书局1983年版）。　②好：喜好，爱好。　③长铗：指长剑。陆离：长貌。④冠：帽子，此处用作动词，戴。切云：高帽名。崔嵬：高耸的样子。⑤被：披。明月：珠名。佩：佩带。璐：玉名。　⑥溷浊：混浊。莫余知："莫知余"的倒装格式，没有人了解我。　⑦方：正在。顾：回

头看。　⑧虬：有角龙。骖：用作动词，以螭为左右两侧之驾车的马。螭：无角龙。　⑨重华：帝舜。瑶之圃：产美玉的园地。　⑩玉英：玉之精华。　⑪鄂渚：湖北地方的水中之洲。反顾：回头看。　⑫欸：叹息声。绪风：余风，指西北风。　⑬邸：抵，止，停。方林：地名，一说方丘树林。　⑭舲船：有窗的小船。上沅：溯沅水而上。　⑮齐：同时并举。吴榜：船桨。击汰：拍击水波，即划船。　⑯容与：缓行，一说迟疑不定。　⑰淹：停留。回水：回旋的水。疑滞：停留不进。疑，同"凝"。　⑱苟：假如。端直：正直。　⑲虽：即使。伤：妨害。　⑳僤佪：徘徊。　㉑所如：所往，所要去的地方。　㉒猿狖：猿猴。　㉓霰：雪珠。无垠：没有边际。　㉔承宇：连接屋檐。一说连接天宇。　㉕固：本来。终穷：终身困穷。　㉖接舆：楚国隐士，佯狂不仕。髡首：古代刑法之一，剃光头发。这里是说接舆自己剃光头发以寻求隐居不仕。　㉗桑扈：古代隐士。　㉘忠：忠臣。　㉙贤：贤人。以：用。　㉚伍子：伍员，伍子胥，吴国贤臣。　㉛比干：殷纣王的叔父。菹醢：古代一种酷刑，把人杀死剁成肉酱。　㉜与：通"举"，全，整个。皆然：全都这样。　㉝董道：守正道。不豫：不犹豫。　㉞重昏：重重幽闭。一说处于昏暗境地。　㉟鸾鸟：凤凰一类的鸟。日以远：一天比一天远。　㊱巢：筑窝。　㊲露申、辛夷：均为香草。　㊳林薄：树丛，草木丛生之地。　㊴腥臊：均指恶气味，比喻小人。御：用。　㊵薄：接近。　㊶时不当：指时运不好，生不逢时。　㊷怀信：怀抱信心。侘傺：失意。

## 译文

　　我从小就喜欢这奇伟的服饰啊，年纪已经老了，爱好依然没有减退。我腰间挂着长长的宝剑啊，头上戴着高高的切云帽。身上披着珍珠、佩戴着美玉。世道混浊，没有人了解我啊，我昂首阔步，不管不理。坐在驾着青龙两边有白龙的车子上啊，我要与重华一起去游玉园。爬上昆仑山啊，吃玉的精华，我要与天地一样长寿，我要和日月一样光明。可悲啊，楚国没人了解我，明早我就要渡过长江和湘水了。

登上鄂渚之岸，回头遥望，对着秋冬的寒风深深叹息。让我的马走上山岗，让我的车来到方林。我乘坐舲船沿沅水上溯啊，大家一齐摇动船桨。船慢慢地回旋不想行进啊，停留在回旋的水流里。早晨从枉陼起身啊，晚上住在辰阳。只要我的内心端正正直啊，即使是被流放到偏僻边远的地方又有什么关系？

进入溆浦我又徘徊啊，迷惑着不知道该去哪里。树林幽深昏暗，那是猿猴所居住的地方。山岭高大，遮蔽住了日光，下面阴沉昏暗而且多雨。雪花纷纷，无穷无尽，浓云密布，在屋檐之上。哀叹我的生活毫无乐趣，忧愁寂寞地独居山中。我不能改变内心的志向而顺从流俗，本来就应该愁苦一生，郁郁不得志而终。

接舆遭受剃光头发的酷刑啊，桑扈遭遇裸体走路的刑罚。忠诚的人不一定被任用啊，贤人也不一定受重用。伍子胥遭遇灾祸啊，比干被剁成肉酱。前世到现在都是这样啊，我又何必怨恨现世的人！我将要走正道而毫不犹豫啊，本来就终身处于昏暗之中。

尾声：鸾鸟和凤凰等贤人君子，一天天地离去；燕雀和乌鹊等小人却在朝廷中做窝，露申和辛夷，死在草木丛生的地方啊，腥的和臭的都用上了，香草贤人都不能靠近了。阴阳颠倒，生不逢时。我满怀信心，却屡次失意，于是我即将远行了。

《涉江》选自《九章》。这篇文章叙述了诗人屈原在被放逐之后，由汉水过长江、溯沅水入溆浦的历程和心情。文中多次提到诗人高洁的品行，他对黑白颠倒的时俗的愤慨，以及他遭受打击却仍要坚持自己心志的决心。

全篇分为五段：

从开头至"旦余济乎江湘"为第一段。述说自己高尚理想和现实的矛盾，阐明这次涉江远走的基本原因；

从"乘鄂渚而反顾兮"至"虽僻远之何伤"为第二段，叙述一路走来，途中的经历和自己的感慨；

从"入溆浦余儃佪兮"至"固将愁苦而终穷"为第三段，写进入溆浦以后，独处深山的情景；

从"接舆髡首兮"至"固将重昏而终身"是第四段，从自己本身经历联系历史上的一些忠诚义士的遭遇，进一步表明自己的政治立场；

"乱曰"以下为第五段。批判楚国政治黑暗，邪佞之人执掌权柄，而贤能之人却遭到迫害。

本篇是屈原晚年之作，第二、三段有大段文字描写了沅水流域的景物，成为我国最早的一首卓越的纪行诗歌。所谓"一切景语皆情语"，诗中景物描写和情感抒发的有机结合，达到了十分完美的程度：诗歌第二段和第三段对深山老林的描写，让我们仿佛看到了一位饱经沧桑、孤立无助的老年诗人形象，深幽昏暗的景物正是诗人寂寞、悲愤心情的反映。本篇还运用了很多比喻象征手法：用好奇服、带长铗、冠切云、被明月、佩宝璐来表现自己高洁的志行，又以燕雀、乌鹊、腥臊来比喻邪恶势力，抒发了诗人对当时社会的深切感受。

涉
江

屈
原

**学问思辨**

　　"一切景语皆情语"，请列出一首你学过的诗歌或一篇你学过的古文中的景物描写，分析作者当时是怀着怎样的心情和情绪创作的？

# 渔父①

屈原

屈原既放②，游于江潭，行吟泽畔③，颜色④憔悴，形容枯槁⑤。渔父见而问之曰："子非三闾大夫⑥与？何故至于斯⑦？"屈原曰："举世皆浊我独清，众人皆醉我独醒，是以见放⑧。"渔父曰："圣人不凝滞于物，而能与世推移⑨。世人皆浊，何不淈（gǔ）其泥而扬其波⑩？众人皆醉，何不铺（bū）其糟而歠（chuò）其醨（shī）⑪？何故深思高举⑫，自令放为？"屈原曰："吾闻之，新沐者必弹冠，新浴者必振衣⑬。安能以身之察察，受物之汶汶（wèn wèn）者乎⑭？宁（nìng）赴湘流，葬于江鱼之腹中。安能以皓皓之白，而蒙世俗之尘埃乎？"渔父莞尔⑮而笑，鼓枻（yì）⑯而去。

歌曰："沧浪之水清兮，可以濯吾缨⑰；沧浪之水浊兮，可以濯吾足。"遂去，不复与言⑱。

# 注释

①选自洪兴祖撰《楚辞补注》，中华书局1983年版。　②既：已经。放：被放逐。　③江潭：指沅江一带。泽畔：水边。泽，水汇聚的地方。　④颜色：《说文解字》：颜，眉目之间也。颜色指脸色。古今词义不同。　⑤形容：形体和容貌。枯槁：枯瘦，憔悴。　⑥三闾大夫：屈原在楚怀王时担任的官职，掌管楚国屈、昭、景三姓贵族。　⑦斯：此地。　⑧是以：因此。见放：被放逐。　⑨凝滞：冻结不流动，指主观意志执着。与世推移：适应客观环境及其变化。　⑩淈其泥而扬其波：此句指世人皆浑浊，你何不也搅乱泥沙、翻起波浪，与他们同流合污？淈，搅乱。　⑪餔其糟而歠其醨：众人皆醉，你何不也连酒带糟喝个大醉？餔，食。糟，酒糟。歠，饮，喝。醨，薄酒。　⑫深思高举：指忧君忧民，行为高于时俗。　⑬弹冠、振衣：指洗浴后去除灰尘的动作。　⑭察察：洁白。汶汶：昏暗不明，污垢。　⑮莞尔：微笑的样子。　⑯鼓枻：划动短桨。　⑰濯：洗。缨：帽带。　⑱遂去，不复与言：于是就离开了，不再与屈原交谈。遂，就。复，再。此处省略"与"的宾语"屈原"。

# 译文

屈原被放逐以后，在江潭游荡。他沿着江边一边走一边唱，脸色很憔悴，身体枯瘦。渔父看到屈原便问他："您不是三闾大夫吗？怎么会走到这里？"屈原说："世上人都很浑浊只有我干净，人人都喝醉了只有我清醒，所以被放逐。"渔父说："通达之人能够不拘泥于事物，能够随着世道变化而推移。既然世上的人都很浑浊，为什么不搅浑泥水，推波助澜呢？人人都喝醉了，您为什么不也喝酒吃酒糟呢？为什么非要思考深刻高出常人，使自己被放逐？"屈原说："我听说过，刚洗头的人一定要弹去帽子上的尘土，刚洗澡的人一定要振掉衣服上的灰。哪里能让干净的身体，去蒙受昏暗的污垢呢？（与其这样，）我宁愿投身湘江，葬身于江中鱼之腹中。哪里能让洁白的东西，去蒙受世俗的尘埃呢？"渔父微微一笑，划动船桨走了。

（临行时，渔父口中）唱道："沧浪水清清啊，可用来洗我的帽带；沧浪水浑浊啊，可用来洗我的双足。"于是便离开了，不再和屈原说话。

**阅读提示**

屈原被放逐期间，在江、湘水边忧愁放歌，而渔父是一个隐士的角色，垂钓江边，怡然自乐。或许因为长久处于自然之中，渔父悟到人应该顺应大自然的规律，随波逐流，而不应违逆自然之道，最终毁了自己的"前途"。于是就有了屈原和渔父的对话。一问一答之间，充分显示了前者高大圣洁、不愿随波逐流的心态和精神。

此外，文中"举世皆浊我独清，众人皆醉我独醒"是千古佳句，极为生动真切地勾勒出了屈原的性格特征。这种高洁不染和忧国忧民的情怀，深深影响了后代的知识分子。

"举世皆浊我独清，众人皆醉我独醒"是屈原的千古名言。他在奸佞小人横行得位的时代，作为智者君子，仍保持独立和清醒，选择自己遗世独立的心志，而不随波逐流。他虽不得志于当世，却开启了几千年来我国知识分子忠君爱国、救世安民的优秀传统。请问，你如何看待他"举世皆浊我独清，众人皆醉我独醒"的感叹？

渔父

屈原

# 九 辩①

宋 玉

悲哉，秋之为气也！萧瑟兮，草木摇落而变衰。憭（liáo）慄（lì）②兮，若在远行；登山临水兮，送将归。

泬（xuè）寥（liáo）③兮，天高而气清；寂寥（liáo）兮，收潦（lǎo）而水清④。憯（cǎn）悽增欷（xī）兮⑤，薄寒之中人！

怆（chuǎng）怳（huǎng）懭（kuǎng）悢（làng）兮⑥，去故而就新；坎廪（lǎn）⑦兮，贫士失职，而志不平。

廓落兮，羁旅而无友生；惆怅兮，而私自怜。

燕翩翩其辞归兮，蝉寂漠而无声；雁雍雍而南游兮，鹍（kūn）鸡啁（zhāo）哳（zhā）而悲鸣⑧。

独申旦而不寐兮，哀蟋蟀之宵征。时亹亹（wěi wěi）⑨而过中兮，蹇（jiǎn）淹留而无成⑩。

悲忧穷戚兮独处廓，有美一人兮心不

绎。去乡离家兮徕（lài）远客⑪，超逍遥兮今
焉薄！

专思君兮不可化，君不知兮可奈何！蓄怨
兮积思，心烦憺（dàn）⑫兮忘食事。愿一见兮
道余意，君之心兮与余异。车既驾兮朅（qiè）⑬
而归，不得见兮心伤悲。倚结軨（líng）⑭兮长
太息，涕潺（chán）湲（yuán）兮下霑（zhān）轼。

忼（kāng）慨（kǎi）绝兮不得，中瞀（mào）⑮
乱兮迷惑。私自怜兮何极，心怦怦兮谅直。

皇天平分四时兮，窃独悲此廪秋。白露
既下百草兮，奄离披此梧楸（qiū）⑯。

去白日之昭昭兮，袭长夜之悠悠。离芳
蔼之方壮兮，余萎约而悲愁。

秋既先戒以白露兮，冬又申之以严霜。
收恢台（yí）之孟夏兮⑰，然欿（kǎn）傺（chì）而
沉藏⑱。

叶菸（yān）邑⑲而无色兮，枝烦挐（rú）⑳而
交横；颜淫溢而将罢兮，柯仿佛而萎黄。

萷（shāo）櫹（xiāo）椮（sēn）之可哀兮㉑，形

销铄而瘀伤㉒。惟其纷糅而将落兮，恨其失时而无当。

揽（lǎn）骈（fēi）辔而下节兮，聊逍遥以相佯。岁忽忽而遒（qiú）尽兮，恐余寿之弗将。

悼余生之不时兮，逢此世之俇（guàng）攘㉓。澹（dàn）容与而独倚兮㉔，蟋蟀鸣此西堂。

心怵（chù）惕（tì）㉕而震荡兮，何所忧之多方；卬（yǎng）明月而太息兮，步列星而极明。

窃悲夫蕙华之曾敷兮㉖，纷旖（yǐ）旎（nǐ）乎都房㉗；何曾华之无实兮，从风雨而飞扬？

以为君独服此蕙兮，羌无以异于众芳。闵奇思之不通兮，将去君而高翔！

心闵怜之惨凄兮，愿一见而有明；重无怨而生离兮，中结轸（zhěn）而增伤㉘。

岂不郁陶㉙而思君兮，君之门以九重；猛犬狺狺（yín yín）㉚而迎吠兮，关梁闭而不通。

皇天淫溢而秋霖兮，后土何时而得漧（gān）？块独守此无泽兮，仰浮云而永叹。

# 注释

①选自董楚平《楚辞译注》，上海古籍出版社1986年版。　②憭慄：凄凉。　③沆瘵：空旷的样子。　④漻：水清的样子。收潦：指归入河道的水。潦，积水。春夏天水涨则浊，秋天水退则清。这句以秋水比喻清瘵的心境。　⑤憯悽：悲痛的样子。增：多次。欷：叹息。　⑥怆怳懭悢：惆怅失意、凄怆悲愤。　⑦坎壈：坎坷不平。　⑧鹍鸡：鸟名，形似鹤，黄白色。喟唶：繁细的鸟鸣声。　⑨廱廱：行进不停。　⑩蹇：发语词，楚地方言。淹留：停滞不前。　⑪倈远客：来做远客。倈，同"来"。　⑫烦惔：忧心如焚的意思。　⑬揭：去。　⑭倚结轖：倚靠着车栏。古代车厢的前、左、右三面，用木条一横一竖交结成许多方格，形似窗棂，故"轖"字亦作"棂"。　⑮中瞀：心中烦乱。　⑯奄：忽然。离披：离散的样子。梧楸：梧桐与楸树，都是落叶乔木。　⑰收：收敛，结束。恢台：指孟夏时的繁盛欢乐情景。恢，广大。台，通"怡"，欢悦。　⑱欿傺而沉藏：初夏的繁华景象都已消失。欿，同"坎"，陷落。傺，停止。　⑲叶菸邑：叶子枯萎。　⑳枝烦挐：树枝烦乱。　㉑萷：花叶落尽，只剩枝干。櫹椮：树木高耸。　㉒销铄：本义是金属熔化，引申为消损颓败。瘀：一种血液凝滞的病，这里泛指病伤。　㉓佪攘：乱的样子。　㉔澹：同"淡"，淡泊。容与：闲散的样子。　㉕怵惕：恐惧而警惕。　㉖蕙：香草名，兰草的一种。华："花"的古字。蕙华为作者自喻。敷：开放。　㉗旖旎：茂盛的样子。都房：喻宫殿。这两句比喻自己曾在君王身边施展才华。都，美。　㉘中：心中。结：郁结。轸：悲痛。　㉙郁陶：思念都积于心，犹积念。　㉚狺狺：犬吠声。

教人悲伤啊秋天的气氛！大地萧瑟啊草木零落衰败。凄凉啊好像要远行，登山临水送别的伤感。

空旷啊天高秋气凉爽，寂寥啊积水退去秋水清。悲痛啊声声叹息，微寒初生啊袭人。

失意悲怆啊离乡背井去他乡，坎坷啊贫士失去官职，心中不平。

孤独啊流落在外没有朋友，惆怅啊自我怜悯。

燕子翩翩飞翔而去啊，寒蝉寂静也不出声。大雁鸣叫着向南翱翔啊，鹍鸡不住地啾啾悲鸣。

独自通宵达旦难以入眠啊，悲伤地聆听那蟋蟀整夜的叫声。时光匆匆已经过了中年啊，艰难停顿仍是一事无成。

悲愁困迫啊独处辽阔大地，有一位美人啊心中悲凄。远离家乡啊异地为客，漂泊不定啊如今去哪里？

一心思念君王啊不能改变，君王却不知道啊有什么办法。堆积哀怨啊心中盛满思虑，心中烦闷啊饭也不想吃。但愿见一面啊倾诉我的心意，君王的心思啊却与我不同。驾起马车啊去了还得回，不能见你啊伤痛抑郁。倚靠着车栏啊长长叹气，泪水涟涟啊落下沾满车轼。

实在不能慷慨决绝，一片纷乱啊心惑神迷。自怨自悲啊哪有尽头，内怀忠忱啊真诚耿直。

上天将一年四季平分啊，我却独自悲叹清冷的秋。白露降下沾湿百草啊，梧桐和楸树黄叶飘零。

离开明亮的白日昭昭啊，步入黑暗的长夜悠悠。百花盛开的时节已过啊，余下枯木衰草令人悲愁。

白露带来深秋的信息啊，冬天又有严霜在后。夏日的繁茂今都不见啊，生长培养的气机也全收。

叶子黯淡没有光彩啊，枝条交错。草木改变颜色将衰谢啊，树枝枯黄好像就要死去。

见了无叶的枝干真可哀啊，见了病恹恹的树身真可忧。想到落叶衰草相杂糅啊，怅恨失去好时光。

抓住缰绳放下马鞭啊，百无聊赖暂且慢慢行走。岁月匆匆就将到头啊，恐怕我的寿命也难长久。

痛惜我生不逢时啊，遇上这乱世纷扰难以药救。徘徊不止独自徙倚啊，传来西堂蟋蟀的鸣声。

心中惊惧大受震动啊，百般忧愁为何萦绕不休？仰望明月深深叹息啊，在星光下漫步由夜至昼。

暗自悲叹蕙花也曾开放啊，千娇百媚开遍华堂。为何花儿没能结果啊，随着风雨狼藉飘扬？

以为君王独爱佩这蕙花啊，谁知你将它视同众芳。哀悯奇思难以通达啊，将要离开君王远走他乡。

心中悲凉凄惨难以忍受啊，但愿见一面倾诉衷肠。一次次想着无罪而生离别啊，内心郁结而更增悲伤。

哪能不深深思念君王啊？君王的大门却有九重。猛犬迎着你狂叫啊，关口和桥梁闭塞不通。

上天降下绵绵的秋雨啊，下方几时能干？孑然一身守在荒芜沼泽啊，仰望浮云而长长地叹息。

第
一
单
元
先
秦
卷

　　《九辩》是宋玉的代表作。九，不是数词，是古代神话里的乐曲名称。《九辩》是宋玉政治失意后的作品，是了解宋玉思想的重要材料。宋玉很有文学才华，曾在朝廷中做小官，但因出身贫贱而遭到排挤，他十分怨恨此事。他的牢骚和屈原不同，屈原是为自己的政治理想未实现而愤慨远走，宋玉是为个人的不幸而痛苦，进而对社会不合理现象进行批评。《九辩》在艺术上达到较高的水平，尤其在状写自然景物，抒发主观情怀方面，确有前无古人的成就与后启来者的功劳。"宋玉悲秋"成了文学史上的习语。

学问思辨

　　列举几首以悲秋为主题的诗歌，并分析其各自的艺术手法。

# 二 记言记事，史家楷则

## 五子之歌①

《尚书》

太康②失邦，昆弟五人须于洛汭（ruì）③，作《五子之歌》。

太康尸位④，以逸豫⑤灭厥德，黎民咸贰⑥，乃盘游无度，畋（tián）于有洛之表⑦，十旬弗反。有穷后羿（yì）⑧因民弗忍，距于河⑨，厥弟五人御⑩其母以从，徯（xī）于洛之汭（ruì）⑪。五子咸怨，述大禹之戒以作歌。

其一曰："皇祖⑫有训，民可近，不可下⑬，民惟邦本，本固邦宁。予视天下愚夫愚妇一⑭能胜予，一人三失，怨岂在明⑮，不见是图⑯。予临兆民，懔（lǐn）乎若朽索之驭六马⑰，为人上者，奈何不敬？"

其二曰："训有之，内作色荒⑱，外作禽荒⑲。甘酒嗜音⑳，峻宇雕墙㉑。有一于此，未或不亡。"

其三曰："惟彼陶唐㉒，有此冀方㉓。今失厥道，乱其纪纲，乃厎（zhǐ）㉔灭亡。"

其四曰："明明我祖㉕，万邦之君。有典有则㉖，贻厥子孙。关石和钧㉗，王府则有。荒坠㉘厥绪，覆宗绝祀！"

其五曰："呜呼曷归㉙？予怀之悲。万姓仇予，予将畴㉚依？郁陶㉛乎予心，颜厚有忸（niǔ）怩（ní）㉜。弗慎厥德，虽悔可追？"

### 注释

①选自江灝、钱宗武译注，周秉钧审校《今古文尚书全译》，贵州人民出版社1990年版。　②太康：夏启的儿子，沉湎于游乐田猎，不顾人民的疾苦，被羿驱逐，不能回国。　③昆弟：兄弟。须：等待。洛汭：古地名，指洛水入古黄河处，在今河南巩义境内。　④尸位：古代享用祭祀的主位，指处于尊贵的地位。这里指居高位而无所作为。　⑤逸豫：安逸，享乐。　⑥贰：有二心。对国君不信任、不忠

诚。　⑦畋：田猎，打猎。有洛之表：洛水的南面。有，上古多用在地名、国名之前，没有意义。　⑧有穷：古国名。羿：指有穷国君。帝喾（kù）的射官名叫羿，后来，善于射箭的人都称为羿，有穷的国君也善射，因此把他叫作羿。　⑨距：通"拒"，抵御。河：特指黄河。⑩御：侍奉。　⑪俟：等待。汭：河的转弯处。　⑫皇祖：指夏的开国君主禹。　⑬下：低下。这里是方位名词的意动用法，以为（民）卑下。　⑭一：都，整个地。　⑮明：指明显的时候。　⑯不见是图：这是宾语前置句，是上古汉语宾语前置的一种，宾语"不见"用代词"是"复指，前置于动词"图"，正常的语序是"图不见"，意为图谋细微不见的过失。　⑰懔乎：内心恐惧。懔，危惧，戒惧。朽索：朽腐的绳索。　⑱作：兴。色荒：沉迷女色。　⑲禽荒：畋猎。　⑳甘酒：饮美酒不知节制。嗜音：嗜好沉迷歌舞。　㉑峻：高。宇：屋子。雕：彩饰。　㉒陶唐：尧帝。　㉓冀方：冀州地方。尧建都平阳，舜建都蒲坂，禹建都安邑，都在古冀州。这里举尧包括舜、禹，举冀州包括全国。　㉔厎：致，导致。　㉕明明：明而又明，十分英明、圣明。㉖典：典章。则：法则。　㉗关：交换，互通有无。石：指供人器用的金铁，也包括米粟、布帛等人们的生产、生活必需品。和钧：平均，民用不缺。　㉘荒坠：荒废，失落。厥：其。绪：前人的功业。　㉙曷归：归向哪里。疑问句中代词"曷"做"归"的宾语，前置。　㉚畴依：依靠谁。疑问句中代词"畴"做"依"的宾语，前置。　㉛郁陶：忧愁。　㉜颜厚：面带羞愧。孔疏："羞愧之情见于面貌，似如面皮厚然，故以颜厚为色愧。"忸怩：内心惭愧。

太康失去了国家，他的五个弟弟在洛水北岸流入黄河处等待他，作《五子之歌》。

太康处其位却不谋其政，喜欢安逸享乐，丧失了好的德行，老百姓都怀着二心。太康仍然纵情享乐没有节制，在洛水的南边打猎，一百天了还不回来。有穷国君主羿，因为百姓不能忍受，在黄河挡着太康（不让他回国）。他的弟弟们五个人，连他们的母亲一起跟从着太康，在洛水流入黄河的地方等待太康。五个弟弟都埋怨太康（安逸无德），按照大禹的劝诫而写了诗歌：

其中第一首说："英明的先祖有明示，老百姓可以被亲近，而不可被轻视，老百姓是立国之本，根本牢固了国家就会安宁。我看天下的人，普通的老百姓都能胜过我。一个人有很多过失，怨恨岂能等到它明显的时候？应该在还未呈现的时候就考察到。我面对亿万人民，内心恐惧的样子就像用腐朽的绳子驾着六匹马一样，身处别人上位，为什么不谨慎呢？"

其中第二首说："祖先训诫的话说，内廷兴起迷恋女色，朝廷外兴起打猎之风，纵情饮酒不知节制，爱好歌舞不知满足，高大的建筑，华丽的雕饰宫墙，这几项中只要有一项，就没有不亡国的。"

其中第三首说："那个陶唐氏的尧帝，曾经据有冀州这块地方。现在太康失去了这个大道，搞乱了国家的纪律总纲，于是导致灭亡！"

其中第四首说："我们十分圣明的祖先，是各诸侯国的君主。有治国的典章和法度，传给他的子孙。交换生产的东西，使它平均，民用不缺，王家府库也很富足。现在废弃了前人的秩序，覆灭了宗族，断绝了后代！"

其中第五首说："啊！我们去向哪里啊？我一想到这点就很悲伤。普天下的人都怨恨我们，我们将依靠谁？我的内心抑郁忧愁，面带羞愧，内心惭愧。平时不对自己的品德慎重，即使现在想改悔，又哪里来得及补救？"

**阅读提示**

在尧舜禹时代，君王离位时，靠举荐德才兼备之贤人来担当君王之大任。然而，大禹的儿子启开启了中国父死子继的"家天下"的时代。可是，这些继承君位之人的才能和德行，并非都能承担治理国家、造福百姓的重任。夏启的儿子太康，就是中国历史上有记载的第一个昏庸无德的君王。

本篇选自《尚书·虞夏书》，记述了太康耽于游乐田猎，荒废政事，不理民情，以致百姓有了二心。太康有一次田猎之后回国，有穷国君主羿率领人民在黄河北岸堵截抵御，不让太康返回国都，使太康失去帝位。于是太康的弟弟们追述大禹的告诫而作诗歌，表达了对太康的指责和怨恨。

　　我国古代有浓重的民本主义思想，也就是说老百姓是立国之本，所有为政者都应该把老百姓的利益放在决策的第一位。请查阅典籍，列举几条体现这种观点的句子，并和大家交流赏析。

# 楚归晋知罃①

## 《左传》

晋人归楚公子穀臣与连尹襄老之尸于楚，以求知罃②。于是荀首佐中军矣③，故楚人许之。

王送知罃④，曰："子其怨我乎？"对曰："二国治戎⑤，臣不才，不胜其任，以为俘馘（guó）⑥。执事不以衅鼓⑦，使归即戮⑧，君之惠也。臣实不才，又谁敢怨⑨？"

王曰："然则德我乎？"对曰："二国图其社稷⑩，而求纾其民⑪，各惩其忿，以相宥（yòu）也⑫，两释累囚⑬，以成其好。二国有好，臣不与及⑭，其谁敢德？"

王曰："子归，何以报我？"对曰："臣不任受怨⑮，君亦不任受德。无怨无德，不知所报。"

王曰："虽然，必告不穀。"对曰："以君之灵，累臣得归骨于晋⑯，寡君之以为戮，死且不朽。若从君之惠而免之，以赐君之外臣首<sup>⑰</sup>；首其请于寡君，而以戮于宗<sup>⑱</sup>，亦死且不朽。若不获命，而使嗣宗职<sup>⑲</sup>，次及于事<sup>⑳</sup>，而帅偏师<sup>㉑</sup>，以修封疆<sup>㉒</sup>。虽遇执事，其弗敢违<sup>㉓</sup>，其竭力致死<sup>㉔</sup>，无有二心，以尽臣礼。所以报也。"

王曰："晋未可与争。"重为之礼而归之。

### 注释

①选自《左传·成公三年》（杨伯峻《春秋左传注》，中华书局1981年版）。　②"晋人"二句：宣公十二年（公元前597年），晋、楚战于邲，晋知罃被俘，但晋也俘虏了楚公子穀臣，射杀了楚大夫襄老，并将其尸首带回。现在晋要用穀臣和襄老的尸首换回知罃。归，归还。穀臣，楚庄王的儿子。连尹，楚官名。　③于是：在这个时候。佐中军：任三军的副帅。古代大国军设三军：中军、左军、右军。中军由三军主帅统领，中军佐是其副手。　④王：指楚共王，公元前613年至公元前591年在位。　⑤治戎：治兵，整顿军备，外交辞令，这里是作战的意思。　⑥俘馘：泛指俘虏。馘，割耳。古时作战，杀死敌人割下左耳朵以记战功。　⑦衅鼓：古时的一种祭祀礼节，用牲畜的血涂鼓。这里是杀掉的意思。　⑧即戮：接受惩罚。即，就，靠近。下文"以为戮""戮于宗"的"戮"都是"杀"的意思。　⑨又谁敢怨：宾语"谁"前置于动词"怨"，即又敢怨谁。　⑩图其社稷：意谓为国家利益打算。　⑪纾其民：意为百姓解除苦难。纾，缓解。　⑫"各

惩"句：意为各自克制怨恨，相互谅解。惩，止，克制。宥，宽恕。
⑬累囚：囚犯。累，捆绑。　⑭臣不与及：与我没有关系。与，参与。
及，赶上。　⑮任：担负。　⑯累臣：被俘之臣。知罃自称。　⑰外臣：
对别国的国君称本国之臣为外臣。首：指知罃的父亲荀首。　⑱宗：宗
庙。　⑲嗣：继承。宗职：祖宗的职位。　⑳次及于事：意谓按次序
轮到我担任军事职务。事，担任军事职务。　㉑偏师：非主力部队。
这里泛指部分军队。　㉒修：治理。这里是镇守保卫的意思。封疆：
边界。　㉓违：违背，逃避。　㉔竭力致死：尽力效死。

## 译文

　　晋国人把楚国公子穀臣和连尹襄老的尸首归还给楚国，以此要求
交换知罃。当时荀首已经是中军副帅，所以楚国人答应了。

　　楚王送知罃，说："您怨恨我吗！"知罃回答说："两国打仗，我
实在没有才能，不能胜任职务，所以做了俘虏。为君王办事的人没有
用我的血来衅鼓，而让我回国去接受诛戮，这是君王的恩惠啊。下臣
实在没有才能，又敢怨恨谁呢？"

　　楚王说："那么你感激我吗？"知罃回答说："两国都为自己的国
家利益考虑，希望让百姓得到安宁，各自抑止住自己的愤怒，来互相
原谅，两边都释放被俘的囚犯，以结成友好关系。两国友好，下臣不
曾参与，又敢感激谁？"

　　楚王说："您回去，用什么报答我？"知罃回答说："我没什么好
被怨恨的，君王也没什么好被感恩的，没有怨恨，没有感恩，就不知
道该报答您什么。"

　　楚王说："即使这样，还是一定要把您的想法告诉我。"知罃回答

说:"以君王的福佑,被囚的下臣能够带着这把骨头回到晋国,寡君如果加以诛戮,死而不朽。如果由于君王的恩惠而赦免下臣,把下臣赐给您的外臣荀首,荀首向寡君请求,而在自己宗庙中诛戮下臣,也死而不朽。如果得不到寡君杀我的命令,而让下臣继承宗室之职位,按照顺序轮到我担任军事职务,率领一部分军队来治理边疆地区。即使碰到君王的主事官员,我也不会违背礼义,竭尽全力以至于死,没有第二个想法,以尽到为臣的职责,这就是所报答于君王的。"

楚王说:"晋国,是不能和它争夺的。"于是就对他重加礼遇而放他回去。

**阅读提示**

本篇选自《左传·成公三年》,晋国人和楚国人交战,各自俘虏了对方的人质。晋国人把楚国的公子和其他俘虏还给楚国,而想要让自己的臣子知罃回国。本篇记述了晋国臣子知罃被释放回国之前与楚共王的一次谈话。即使面对楚国君王,晋国臣子知罃也不卑不亢,刚毅沉稳,坚贞不屈,表现出了很好的气度与品格。

知罃是晋国大臣,其父荀首当时是中军副帅。荀首封地为知,遂以封地为姓。知罃不愧为一代辩才,他选取了一个战无不胜的立足点:国家利益。用国家利益作为盾牌,把楚共王层层进逼的三个问题回答得滴水不漏,使对方再也无言以对,于无可奈何之中不得不罢手。知䓨的防守几乎达到了最佳境界，无懈可击。

从长远来看，知䓨通过与楚共王的一次谈话，使得楚王了解了晋国是礼制之国，百姓亦是忠于职守，无有二心，不可肆意侵犯。"不战而屈人之兵"，不出兵而缓解了晋楚之间的剑拔弩张之势，这是我国兵法中的上策，知䓨做到了。

## 学问思辨

通过本文你学到了哪些辩论的技巧？

# 《命训解第二》节选①

### 《逸周书》

夫天道三人道三：天有命、有祸、有福，人有丑、有绋(fú)絻(miǎn)、有斧钺②。以人之丑当天之命，以绋絻当天之福，以斧钺当天之祸③。六方三述，其极一也④，不知则不存。

极命则民堕⑤，民堕则旷命⑥，旷命以诫其上，则殆于乱⑦。极福则民禄，民禄则干善，干善则不行⑧。极祸则民鬼，民鬼则淫祭，淫祭则罢家⑨。极丑则民叛⑩，民叛则伤人，伤人则不义。极赏则民贾(gǔ)其上⑪，贾其上则民无让，无让则不顺。极罚则民多诈，多诈则不忠，不忠则无报。

凡此六者，政之殆⑫也。明王是故昭命⑬以命之，曰：大命世罚，小命罚身⑭。

福莫大于行义，祸莫大于淫祭，丑莫大于伤人，赏莫大于信义，让⑮莫大于贾上，罪莫大于贪诈。古之明王奉此六者以牧万民，民用而不失<sup>⑯</sup>。

## 注释

①选自《逸周书·命训解》（黄怀信、张懋镕、田旭东撰，李学勤审定《逸周书汇校集注》，上海古籍出版社1995年版）。　②丑：羞耻。绋绕：亦作"绋冕"。礼服礼冠，这里指爵禄。斧钺：刑法。③当：对。天命有常，羞耻也有常，故二者相对。爵禄与天赐福相同，故二者相对。斧钺惩罚人，与作恶则天降之祸同，故二者相对。④六方：六个方面：命、祸、福、丑、绋绕、斧钺。三述：即天道三和人道三相对。极：过度。　⑤命：命令，号令。堕：怠惰。　⑥旷命：不从命。　⑦诫：通"戒"，戒备。殆：接近。　⑧福：赐福。禄：贪图俸禄。干：伤害。不行：即人不行善事。　⑨祸：降祸。鬼：迷信鬼神。淫祭：过多地祭祀。罢：通"疲"，疲软不振。　⑩极丑：过度地羞辱。叛：背叛。　⑪贾其上：以市买之心事上，即与上司讨价还价。贾，买。　⑫殆：危急。　⑬昭命：显明的号令。　⑭大命：违背大命。世：世代。小命：违背小命。身：自身。　⑮让：责备，谴责。　⑯奉：遵从。牧：治理，管理。失：流失，逃亡。

## 译文

天道有三个方面，人道有三个方面：天道有命、有祸、有福，人道有羞辱、有爵禄、有刑罚。以人道的羞辱对天道的命，以人道的爵禄对天道的福，以人道的刑罚对天道的祸。六个方面三种办法，过头了结果是一样的，如果不知道，就不能真正实行。

命令过度，百姓就会懈怠；百姓懈怠就不听命令；不听命令就戒备上司，那么（形势）就近乎叛乱了。赐福过度，百姓就会重俸禄；百姓重俸禄，就会影响百姓做善事；影响百姓做善事，就使善事不能施行。降祸过度，百姓就会信鬼；百姓信鬼，就会过多地祭祀；频繁地祭祀，就会败毁家财。羞辱过度，百姓就会背叛；百姓背叛，就会伤人；伤人，就会不义。赏赐过度，百姓就会与上司讨价还价；与上司讨价还价，就没有了逊让之心；没有逊让，则政令就不能顺利实施。处罚过度，百姓就会多欺骗；百姓多欺骗，就不诚实；不诚实，就没有报答了。

这六种情况，都是政事危险（的标志）。英明的君王，因此就用明白的号令告诉百姓，说："违背大的号令就世代受罚，违背小的命令就自身受罚。"

没有比行义更大的赐福了，没有比淫祭更大的降祸了，没有比伤人更大的羞辱了，没有比对人有信义（给人的）奖赏更大了，没有比与上司讨价还价更能让人谴责的了，没有比贪污欺骗更大的罪了。古代英明的君王，尊奉这六种方法治理万民，老百姓就会为王所用而不流失逃亡。

**阅读提示**

命训，关于天命的训教，民之大命乃天所生成，明王当顺天命以牧万民。本篇节选部分即解释了天道的三个方面和人道的三个方面——天道的命、福、祸分别对应于人道的羞辱、爵禄、刑罚。以人道的羞辱对天道的命，以人道的爵禄对天道的福，以人道的刑法对天道的祸。本篇从"过犹不及"的角度说明，适度运用这六个方面三种办法的重要性，不可号令过度、赐福过度、降祸过度，同样不可羞辱过度、赏赐过度、处罚过度，否则就会危及国家政治。这既是治国的规则，也是先辈英明君主的经验总结，值得我们深思借鉴。

**学问思辨**

古人关于治理社会和政治统治的智慧言简意赅，你从中学到了什么？

# 子常问蓄货聚马斗且论其必亡①

《国语》

斗且廷见令尹子常②，子常与之语，问蓄货聚马。归以语其弟，曰："楚其亡乎！不然，令尹其不免乎。吾见令尹，令尹问蓄聚积实③，如饿豺狼焉，殆必亡者也。

"夫古者聚货不妨民衣食之利，聚马不害民之财用，国马④足以行军，公马足以称赋⑤，不是过也⑥。公货足以宾献⑦，家货⑧足以共用，不是过也。夫货、马邮则阙于民⑨，民多阙则有离叛之心，将何以封矣。

"昔斗子文⑩三舍令尹，无一日之积，恤民之故也。成王闻子文之朝不及夕也⑪，于是乎每朝设脯（fǔ）一束、糗（qiǔ）一筐⑫，以羞⑬子文。至于今秩⑭之。成王每出子文之禄，必逃，王止而后复。人谓子文曰：'人生求富，而子逃之，何也？'对曰：'夫从政者，以庇民也。民多旷<sup>⑮</sup>者，而我取富焉，是勤民以自封<sup>⑯</sup>也，死无日矣。我逃死，非逃富也。'故庄王之世，灭若敖氏<sup>⑰</sup>，唯子文之后在，至于今处郧（yún）<sup>⑱</sup>，为楚良臣。是不先恤民而后己之富乎？

"今子常，先大夫<sup>⑲</sup>之后也，而相楚君无令名于四方。民之羸（léi）馁（něi），日已甚矣。四境盈垒<sup>⑳</sup>，道殣（jìn）相望<sup>㉑</sup>，盗贼司目<sup>㉒</sup>，民无所放<sup>㉓</sup>。是之不恤，而蓄聚不厌，其速怨于民多矣。积货滋多，蓄怨滋厚，不亡何待。

"夫民心之愠也，若防大川焉，溃而所犯必大矣。子常其能贤于成、灵<sup>㉔</sup>乎？成不礼于穆<sup>㉕</sup>，愿食熊蹯（fán）<sup>㉖</sup>，不获而死。灵不顾于民，一国弃之，如遗迹焉<sup>㉗</sup>。子常为政，而无礼不顾甚于成、灵，其独何力以待之！"期年，乃有柏举之战，子常奔郑，昭王奔随。

## 注释

①选自《国语·楚语下》（邬国义、胡果文、李小路撰《国语译

注》，上海古籍出版社1994年版）。　②斗且：楚国大夫。廷：在朝廷上，名词作状语。子常：名囊瓦，字子常，楚昭王时任令尹，以贪财受贿闻名。　③实：钱财。　④国马：国家向老百姓征收的马，常充作军马用。　⑤公马：公卿家畜养的军马。赋：兵赋。　⑥不是过也：不要超过这个限度。这句是宾语前置句，调整后的语序是"不过是也"，代词宾语"是"在否定句中前置于动词"过"。　⑦公货：公卿家的财产。宾献：公卿用于国事交往的贡献馈赠。　⑧家货：指大夫家的私财。　⑨夫货、马邮则阙于民：（公卿、大夫家的）财产马匹聚敛过多，百姓就会相对地缺少。邮，超过。阙，缺。　⑩斗子文：楚成王时的贤相，即斗穀（gòu）於（wū）菟（tú），斗伯比的儿子。　⑪成王：楚成王熊恽（yùn）。朝不及夕：吃了早饭没有晚饭。即"吃了上顿没下顿"之意。　⑫脯、糗：干肉和干粮。　⑬羞：即"馐"，用为动词，进献食品。　⑭秩：常例。　⑮旷：空，此指因贫穷而家室空旷。　⑯封：富厚。　⑰庄王灭若敖氏：公元前605年，子文的侄子斗椒作乱，与楚庄王战于皋浒，斗椒败，庄王灭子文的宗族若敖氏。　⑱唯子文之后在，至于今处郧：楚庄王灭若敖氏时，子文之孙箴尹（官名）克黄奉命出使齐国，回楚复命后，自动到司法官那里投案。楚庄王思念子文治理楚国的功绩，说："子文如果没有后代，用什么来勉励人做好事。"让克黄官复原职，克黄的子孙在楚昭王时为郧公。事见《左传·宣公四年》。　⑲先大夫：子常的祖父子囊。　⑳四境盈垒：国境四方都是壁垒。盈，充满。垒，壁垒，军事防御用的堡垒。　㉑道殣相望：道路上掩埋死人的坟墓一个挨着一个。殣，掩埋死人的坟。　㉒盗贼司目：子常让盗贼之人在朝廷的官位上充当君王的眼目。　㉓民无所放：老百姓无所依托。放，依托。　㉔成、灵：楚成王和楚灵王。　㉕成不礼于穆：楚成王想废掉太子商臣（即后来的楚穆王），立职为太子，商臣带兵围攻成王宫，成王请求吃了熊掌再死，商臣不肯答应，成王自杀。　㉖熊蹯：熊掌，是很名贵的菜肴。　㉗灵不顾于民：楚灵王不修君德，奢侈暴虐，大兴土木滥用民力筑陈、蔡的城墙，建造华丽的章华宫，多次对外用兵，使楚国民生凋敝，三军背叛他，人民怨恨他，当公子弃疾（后来的楚平王）煽动军队造反时，他逃往乾溪山中，当地人都不收留他，最后自杀于芋尹申亥家。所以说遗弃他就像行人遗弃脚迹一样。

## 译文

斗且在朝廷上见到令尹子常，子常和他说话。（子常）问关于聚敛财物和名马的事情。（斗且）回家告诉他的弟弟说："楚国将要灭亡了！如果不这样，令尹他大概不能免于灾难了！我见到令尹，令尹问如何聚敛财物，就像饥饿的豺狼一样，恐怕是一定要灭亡了。

"古时候聚敛财物不妨害百姓穿衣吃饭，聚敛名马也不损害百姓的财物和所用。国家征收的马足以满足军需，公卿征收的马足够兵赋，不能超过这个限度。公卿家的财物足够进献宾客，大夫家里的财物足够家用，不能超过这个限度。财物、马匹超过了这个限度，老百姓那里就不够用，老百姓不够用就会有离心和反叛之心，那时候拿什么来立国呢？

"过去斗子文多次辞去令尹的职务，家里没有一天生活之积蓄，这是体恤百姓的缘故。成王听说子文几乎吃了早饭就没有晚饭，因此（子文）每次朝见时，他就准备一束干肉、一筐干粮，用来送给子文。直到现在还遵循这个惯例。成王每次给子文超出他的俸禄时，子文一定要逃离，直到成王停止给他超出俸禄的钱，他才返回朝廷。有人对子文说：'人生来就追求富贵，而您却逃离富贵，这是为什么呢？'（子文）回答说：'做官的人，是来庇护百姓的。百姓财物还不够用，而我却得到了富贵，这是使百姓劳苦来增加自己的财富，那么我离死也不远了。我是逃离死亡，不是在逃避富贵。'所以楚庄王在位的时候，灭了若敖氏，只有子文的后代还在，直到现在还在郧居住，还是楚国的良臣。这不是先体恤老百姓，然后自己得到了真正的财富了吗？

"现在的令尹子常，是先大夫（子囊）的后代，辅佐楚君，在外却没有好名声。百姓疲弱饥饿，一天比一天厉害。四方边境上布满了堡垒，路上饿死之人的坟冢一个挨着一个，盗贼伺机作乱，百姓无所依靠。他不体恤百姓的这些困苦，却只顾毫无满足地积蓄财货，这种作法只会很快招来百姓的怨愤。他积聚的财富越多，积聚的怨愤就越多，不灭亡还等什么呢？

"对待老百姓心中的愤怒，就好比要给大河筑堤一样防范，一旦堤防溃决，造成的破坏必定是很大的。子常能比成王、灵王更贤明吗？成王不按礼法想废掉穆王，（临被杀时）想吃完熊掌再死，没有被允许就自杀了。灵王不顾百姓，一国的百姓都背弃了他，就像行人遗弃脚印一样。子常执掌楚国大政，他的行事不合乎礼法、对百姓的不管不顾比成王、灵王还厉害，他独自一人凭什么力量来对付这种败亡的局面呢！"一年后，就发生了吴、楚柏举之战，（楚军大败，吴人占据了郢都），子常逃亡到郑国，昭王逃亡到随国。

### 阅读提示

本篇所记载的故事中，斗且见微知著，通过和子常对话的细节，联系历史事实，预见了楚国令尹子常的人生成败，可谓智慧。真是"读史使人明智"！斗且通过回忆贤明的子文逃离富贵就像逃离死亡一样，联系现实中老百姓日益艰难、道有饿莩的程度，大胆预测了子文覆亡的结局。统治者贪欲的满足，意味着老百姓正常需求和生活资料的被掠夺，时间一长，则民怨爆发，老百姓遗弃这些统治者就会像行人遗弃脚印一样容易、自然。

**学问思辨**

　　"斗且见微知著"，"千里之堤溃于蚁穴"都强调了细节对于成败的重大影响。你的生活中有类似"斗且见微知著"的实例吗？写一篇读后感。

子常问蓄货聚马斗且论其必亡　《国语》

45

# 三 全生养真，大道无为

## 《秋水》节选①

### 《庄子》

秋水时至，百川灌河，泾流之大②，两涘（sì）渚崖之间不辩牛马③。于是焉河伯欣然自喜，以天下之美为尽在己。顺流而东行，至于北海，东面而视，不见水端，于是焉河伯始旋其面目，望洋④向若而叹曰："野语有之曰：'闻道百以为莫己若⑤者。'我之谓⑥也。且夫我尝闻少仲尼之闻而轻伯夷之义者，始吾弗信；今我睹子之难穷也，吾非至于子之门，则殆矣，吾长见笑于大方之家⑦。"

北海若曰："井蛙不可以语于海者⑧，拘于虚也；夏虫不可以语于冰者，笃于时⑨也；

曲士不可以语于道者，束于教也。今尔出于崖涘，观于大海，乃知尔丑，尔将可与语大理⑩矣。天下之水，莫大于海，万川归之，不知何时止而不盈，尾闾(lú)泄之，不知何时已而不虚；春秋不变，水旱不知。此其过江河之流，不可为量数。而吾未尝以此自多者，自以比形于天地⑪，而受气于阴阳，吾在天地之间，犹小石小木之在大山也。方存乎见少，又奚以自多⑫！计四海之在天地之间也，不似礨(lěi)空⑬之在大泽乎？计中国之在海内，不似稊(tí)米⑭之在大(tài)仓乎？号物之数谓之万，人处一焉；人卒九州，谷食之所生，舟车之所通，人处一焉。此其比万物也，不似豪末之在于马体乎？五帝之所运，三王之所争，仁人之所忧，任士之所劳，尽此矣。伯夷辞之以为名，仲尼语之以为博，此其自多也，不似尔向之自多于水乎？"

# 注释

①选自《庄子·外篇·秋水》(陈鼓应译注《庄子今注今译》，中华书局1983年版)。庄子，姓庄，名周，战国中期著名的思想家、哲学家和文学家，是继老子之后，战国时期道家学派的代表人物。庄子的想象力极为丰富，语言运用自如，灵活多变，能把一些微妙难言的哲理说得引人入胜。　②泾流：水流。　③两涘渚崖：水中陆地的岸边。　④望洋：仰视的样子。　⑤莫己若：宾语"己"前置于谓语动词"若"之前，意为"谁都不如自己"。　⑥我之谓：说的就是我。⑦见笑于大方之家：被懂得大道的人笑话。　⑧井蛙不可以语于海：井底之蛙，不可以和它谈大海的事。　⑨笃于时：受限于时间。　⑩尔将可与语大理：这才可以与你谈大道理了。　⑪比形于天地：从天地那里具有了形体。　⑫奚：哪里。自多：自满。　⑬礨空：小蚁穴。　⑭稊米：小米。比喻其小。

# 译文

秋天的河水按时节而涨，所有的小河水都灌注到黄河里去，水流很大，两岸及河中陆地之间，连是牛是马都分辨不清。这时河伯欣然自喜，以为天下的美都在自己这里了。他顺着水流往东行走，到了北海，他向东面瞭望，看不见水的边际，这时候河神才改变自得的脸色，望着海洋对海神感叹说："俗语说'听了很多道理，总以为没有比得上自己的'，这说的就是我啊。而且我曾经听说有人小看孔子的见闻、轻视伯夷的义行，开始我不相信，现在我看见你这样无穷无尽，我要是不到你这里来，可就糟了，我一定会永远被懂得大道的人所讥笑了。"

北海神说:"井底之蛙,不可以和它谈论大海的事,这是因为受了地域的局限;夏天的虫子,不可以和它谈论冰冻的事,这是因为受了时间的局限;乡下的书生,不可以和他谈论大道理,这是因为受了教育环境的束缚。现在你从悬崖和河边出来,看见了大海,知道你自己的鄙陋,这才可以和你谈一些大道理了。天下的水,没有比海更大的了,所有的河流都流向它,不知道什么时候才停止,可是海水也不会满;海水从尾闾流出去,不知道什么时候停止,可海水也并不减少;一年四季都不变,无论水潦或是旱灾都没有影响。容量超过江河的倍数,不能用数量来计算。但是我并没有因为这样就感到自满,我自以为从天地那里具有了形体,从阴阳那里禀受了生气,我在天地之间,好像小石头小树木在大山上一样,只存了自以为小的念头,又怎么会自满呢!四海相比天地,不就像小蚁穴在大泽里一样吗?中国在四海之内,不就像小米在大仓里一样吗?物类名称的数目有万种之多,而人类只是万物中的一种;人聚在九州,粮食所生长的地方,舟车所通行的地方,人也只是人类中的一分子;个人和万物比起来,不就像一根毫毛在马身上一样吗?凡是五帝所运筹的,三王所争夺的,仁人们所考虑的,能士所劳作的,都是如此。伯夷辞让,取得了好名声,孔子游谈,显示他的渊博,他们这样的自夸,不就像你刚才对于河水的自夸一样吗?"

本文是一则寓言，写的是河伯见识短浅，狂妄自大，看见河水暴涨淹没一切，就以为自己是天下最大最美的地方。但当他看到海洋更广大无边，才自叹不如。海若的一席话颇具哲理，告诉我们须知天外有天、人外有人，以及人们看问题不能局限于某一点，应当全方位、多角度去考虑；人还应该尽量扩大自己的眼界，看问题时不要受时地的局限。

注意本篇中包含的几个成语：

望洋兴叹：望洋，仰视的样子。仰望海神而兴起感叹。原指在伟大事物面前感叹自己的渺小。现在多比喻做事时因力不胜任或没有条件而感到无可奈何。

贻笑大方：大方，原指懂得大道理的人，后泛指见识广博或有专长的人。指让内行人笑话。

太仓稊米：太仓，古时京城的粮仓；稊米，小米。大谷仓中一粒小米。比喻人和物处在广袤宇宙中极其渺小。用于形容人非常渺小、微不足道。

井底之蛙：井底的蛙只能看到井口那么大的一块天，比喻见识短浅、思路狭窄的人。

大方之家：原指懂得大道理的人，后泛指见识广博或学有专长的人。

夏虫语冰、夏虫凝冰：对夏天生夏天死的虫子，不可与它谈论关于冰雪的事情。后遂以"夏虫语冰"比喻人囿于见闻，知识短浅。

欣然自喜：欣然，愉悦，高兴。指高兴地自觉喜悦。

牛马不辨：河流水大分不清岸边的牛和马。喻河流水势浩大。

## 学问思辨

"井蛙不可以语于海者，拘于虚也；夏虫不可以语于冰者，笃于时也；曲士不可以语于道者，束于教也。"每个人都有它的局限，因为时间，所处的地域或所受的教育并不相同。想一想，还有哪些成语、格言、谚语蕴含了同样的道理，列举几个和大家交流。

# 渔 父①

《庄子》

孔子游乎缁帷之林，休坐②乎杏坛之上。弟子读书，孔子弦歌鼓琴。奏曲未半。

有渔父者，下船而来，须眉交白，被发揄(yú)袂(mèi)③，行原以上，距陆而止④，左手据膝，右手持颐⑤以听。曲终而招子贡子路，二人俱对。

客指孔子曰："彼何为者也？"

子路对曰："鲁之君子也。"

客问其族。子路对曰："族孔氏。"

客曰："孔氏者何治也？"

子路未应，子贡对曰："孔氏者，性服忠信，身行仁义，饰礼乐，选人伦，上以忠于世主，下以化于齐民，将以利天下。此孔氏之所治也。"

又问曰："有土之君与？"

子贡曰："非也。"

"侯王之佐与？"

子贡曰："非也。"

客乃笑而还，行言曰："仁则仁矣，恐不免其身；苦心劳形以危⑥其真。呜呼，远哉其分于道也！"

子贡还，报孔子。孔子推琴而起曰："其圣人与！"乃下求之，至于泽畔，方将杖挐（nú）而引其船，顾见孔子，还乡（xiàng）而立。孔子反走，再拜而进。

客曰："子将何求？"

孔子曰："曩（nǎng）者先生有绪言而去，丘不肖⑦，未知所谓，窃待于下风，幸闻咳（ké）唾（tuò）之音以卒相（xiàng）⑧丘也！"

客曰："嘻！甚矣子之好学也！"

孔子再拜而起曰："丘少而修学，以至于今，六十九岁矣，无所得闻至教，敢不虚心！"

客曰："同类相从，同声相应，固天之理也。吾请释吾之所有而经子之所以。子之所

渔父 《庄子》

以⑨者，人事也。天子诸侯大夫庶人，此四者自正，治之美也，四者离位而乱莫大焉。官治其职，人忧其事，乃无所陵⑩。故田荒室露，衣食不足，征赋不属，妻妾不和，长少无序，庶人之忧也；能不胜任，官事不治，行不清白，群下荒怠，功美⑪不有，爵禄不持，大夫之忧也；廷无忠臣，国家昏乱，工技不巧，贡职不美，春秋后伦，不顺天子，诸侯之忧也；阴阳不和，寒暑不时，以伤庶物，诸侯暴乱，擅相攘伐，以残民人，礼乐不节，财用穷匮，人伦不饬，百姓淫乱，天子有司之忧也。今子既上无君侯有司之势，而下无大臣职事之官，而擅饬礼乐，选人伦，以化齐民，不泰多事乎？"

"且人有八疵，事有四患，不可不察也。非其事而事之，谓之揔（zǒng）⑫；莫之顾而进之，谓之佞（nìng）；希意道言，谓之谄；不择是非而言，谓之谀；好言人之恶，谓之谗；析交离亲，谓之贼；称誉诈伪以败恶人，谓之慝(tè);不择善否,两容颊适,偷拔其所欲,谓之险。此八疵者,外以乱人,内以伤身,君子不友,明君不臣。所谓四患者:好经大事,变更易常,以挂功名,谓之叨;专知擅事,侵人自用,谓之贪;见过不更,闻谏愈甚,谓之很[13];人同于己则可,不同于己,虽善不善,谓之矜。此四患也。能去八疵,无行四患,而始可教已。”

孔子愀(qiǎo)然而叹,再拜而起曰:“丘再逐于鲁,削迹于卫,伐树于宋,围于陈蔡。丘不知所失,而离此四谤者何也?”客凄然变容曰:“甚矣子之难悟也!人有畏影恶迹而去之走者,举足愈数而迹愈多,走愈疾而影不离身,自以为尚迟。疾走不休,绝力而死。不知处阴以休影。处静以息迹,愚亦甚矣!子审仁义之间,察同异之际,观动静之变,适受与之度,理好恶之情,和喜怒之节,而几于不免矣。谨修而身,慎守其真,还以物与人,则无所累矣。今不修之身而求之人，不亦外乎！"

孔子愀然曰："请问何谓真？"

客曰："真者，精诚之至也。不精不诚，不能动人。故强哭者虽悲不哀，强怒者虽严不威，强亲者虽笑不和。真悲无声而哀，真怒未发而威，真亲未笑而和。真在内者，神动于外，是所以贵真也。其用于人理也，事亲则慈孝，事君则忠贞，饮酒则欢乐，处丧则悲哀。忠贞以功为主，饮酒以乐为主，处丧以哀为主，事亲以适为主。功成之美，无一其迹矣。事亲以适，不论所以矣；饮酒以乐，不选其具矣；处丧以哀，无问其礼矣。礼者，世俗之所为也；真者，所以受于天也，自然不可易也。故圣人法天贵真，不拘于俗。愚者反此。不能法天而恤于人，不知贵真，禄禄而受变于俗，故不足。惜哉，子之早湛（dān）⑭于人伪而晚闻大道也。"

孔子又再拜而起曰："今者丘得遇也，若天幸然。先生不羞而比之服役，而身教之。

敢问舍所在，请因受业而卒学大道。"

客曰："吾闻之，可与往者与之，至于妙道；不可与往者，不知其道，慎勿与之，身乃无咎。子勉之！吾去子矣，吾去子矣！"乃刺船而去⑮，延缘苇间⑯。

颜渊还车，子路授绥（suí），孔子不顾，待水波定，不闻挐音而后敢乘。

子路旁车而问曰："由得为役久矣，未尝见夫子遇人如此其威也。万乘之主，千乘之君，见夫子未尝不分庭伉礼，夫子犹有倨傲之容。今渔者杖挐逆立，而夫子曲要磬（qìng）折⑰，言拜而应，得无太甚乎？门人皆怪夫子矣，渔人何以得此乎？"

孔子伏轼而叹曰："甚矣由之难化也！湛于礼仪有间矣，而朴鄙之心至今未去。进，吾语汝！夫遇长不敬，失礼也；见贤不尊，不仁也。彼非至人，不能下人，下人不精，不得其真，故长伤身。惜哉！不仁之于人也，祸莫大焉，而由独擅之。且道者，万物之所出也，庶物失之者死，得之者生，为事逆之则败，顺之则成。故道之所在，圣人尊之。今渔父之道，可谓有矣，吾敢不敬乎！"

## 注释

①选自《庄子·杂篇·渔父》（王先谦《庄子集解》，中华书局1987年版）。　②休坐：坐着休息。　③被发揄袂：披着头发，扬起衣袖。　④距陆而止：到高而平的地方便停止。　⑤颐：面颊，腮。⑥危：损害，伤害。　⑦不肖：不聪明。　⑧相：帮助。　⑨子之所以：你所做的事情。　⑩无所陵：没有侵犯。　⑪功美：功业和美名。　⑫撼：做不是你应该做的事。　⑬很：倔强，固执。　⑭湛：沉湎。　⑮刺船而去：撑船离开了。　⑯延缘苇间：沿着芦苇间的河面。　⑰曲要磬折：弯曲着腰像磬一样。磬，古代用玉、石金属制成的曲尺形的打击乐器。

## 译文

孔子在缁帷的树林游玩，坐在杏树土坛上休息。弟子们读书，孔子就吟唱弹琴。曲子演奏了还不到一半。

有一个捕鱼的老者，下船走过来，眉毛和胡须都白了，披着头发扬起衣袖，沿着河岸上来，在一个高而平的地方停下来。老人左手抱着膝盖，右手托着腮听（孔子弹奏吟唱）。曲子终了，他招呼子贡和子路，二人一起和他对答。

渔父指着孔子说："那个人是做什么的？"

子路回答说："他是鲁国的君子。"

渔父问孔子的姓氏。子路回答说："他的家族是孔氏。"

渔父说："孔氏是研究什么的？"

子路没有回答，子贡回答说："孔氏，本性信奉忠信；自己施行仁义，以礼节和音乐修饰自己，确定人伦关系，对上忠心于君主，对下教化百姓，想用这样的办法造福天下。这就是孔氏所研究的。"

（渔父）又问说："是有封地的国君吗？"。

子贡回答说："不是。"

"是诸侯王的辅佐之臣吗？"。

子贡说："不是。"

渔父笑着回去了，边走边说："仁义可以说是仁义了，不过恐怕其自身不能免于祸患；折磨心性劳累身体而危害了他的本性。唉，他离大道实在是太远了！"

子贡回来，报告孔子。孔子推开琴站起来说："他恐怕是圣人吧！"于是走下来追他，到了河边上，（渔父）正要拿起船桨撑船而去，回头看到孔子，转过身来对着孔子立着。孔子后退几步，再次行礼上前。

渔父说："您有什么事儿？"

孔子说："刚才您留下话尾而离去，我实在是不聪明，不能领受其中的意思，私下在这里等候您，希望能有幸听到你的谈吐，以便最终有助于我！"

渔父说："呀，你实在好学得很啊！"

孔子又一次行礼后站起身说："我从小时就努力学习，直到今天，已经六十九岁了，没有能够听到过真理的教诲，怎么敢不虚心请教！"

渔父："同类互相跟从，同声互相应和，这本来是自然的道理。

请让我说明我的看法来分析你所做的事情。你所做的事情，是人与人打交道的事，天子、诸侯、大夫、庶民，这四种人能够各自摆正自己的位置，也就是社会治理的美好境界，这四种人都离开自己的岗位职责，没有比这更乱的（社会）了。官吏处理好自己职务内的事情，人民担忧自己的事情，就不会出现混乱和侵扰。所以田地荒芜房屋破露，衣食不能满足，征收的赋税不能缴纳，妻妾不能和睦相处，老少尊卑没有家庭秩序，这是老百姓所担心的；能力不能胜任职守，本职工作没有做好，行为不清白，下属玩忽懈怠，功业和美名都不具备，爵位和俸禄不能保持，这是大夫所担心的；朝廷上没有忠心的臣子，国和家混乱，工匠的技艺不精巧，敬献的贡品不好，朝拜时落后失去秩序，不顺从天子，这是诸侯所担心的。阴阳不和谐，寒暑不按时而来，伤害世间万物（的生长），诸侯发生暴乱，擅自互相侵扰讨伐，以致残害百姓，礼乐不合节度，钱财物资匮乏，人伦关系不能整顿，百姓过度混乱，这是天子和有关部门所担心的。现在您在上没有君侯主管的地位，而在下没有大臣办事的官职，却擅自修治礼乐，排定人伦关系，从而教化百姓，不是太多事了吗！

"而且人有八种毛病，事有四种祸患，不可以不明察。不是自己职分以内的事却去做它，叫作摠；没人回头看他，他也还是往前走，叫作佞；迎合对方心意说话，叫作谄；不辨是非地说话，叫作谀；好说别人的坏话，叫作谗；离间朋友挑拨亲友，叫作贼；称赞欺诈伪善来败坏他人，叫作慝；不分善恶美丑，脸色不变，暗地拿走自己想要的东西，叫作险。这八种毛病，在外能迷惑他人，对内伤害自身，君子不和他们交友，英明的君主也不以他们为臣子。所谓四患，喜欢管理国家大事，改变常规常态，来获取功名，称作贪得无厌；独断专行，侵害他人刚愎自用，称作贪；看到（自己的）过错也不改正，听到（别人的）规劝却错上加错，称作倔强；跟自己相同的人能认可，跟自己不同的人，即使是好的也认为不好，称作自负矜夸。这是四种祸患。（如果一个人）能够去除以上八种毛病，不要践行四种祸患，方才可以开始接受教育。"

孔子凄凉地叹息，再次行礼后起身说："我在鲁国两次被放逐，在卫国被驱赶，在宋国坐过的树被砍伐，在陈国和蔡国被围困。我不知道我有什么错误，却遭受了这四样诋毁，原因是什么呢？"渔父凄凉地改变脸色说："你实在是难于醒悟啊！有人害怕自己的影子，讨厌自己的足迹，想要逃避而跑走，举步越多足迹就越多，跑得越快而影子却总不离身，自己却还以为跑得慢了，于是快速奔跑而不休止，终于用尽力气而死去。不知道停留在阴暗处就会没有影子，安静就会没有足迹，你实在是太愚蠢了！您研究仁义的道理，考察事物的同和不同，观察动静的变化，把握取舍的分寸，梳理好恶的情感，调节喜怒的节度，却几乎免不了（灾祸）。认真地修养你的身心，谨慎地保持你的真性，把身外之物还与他人，那么就不被什么所牵累了。现在您不修养自己的身心，却来要求别人，不是错了吗？"

孔子凄凉悲伤地说："请问什么叫作真？"

渔父说："所谓真，就是真诚的极点。不至诚，不能感动人。所以勉强啼哭的人虽然外表悲痛但内心不哀伤，假怒的人虽然严厉但是并不威严，勉强亲热的人虽然笑但是并不和善。真正的悲痛没有声音而（空气中弥漫着）哀伤，真正的怒气未曾发作而自有威严，真正的亲热没有笑但是和善。真心的情感在心中并不外露，而神情则流露在外，这就是为什么以真为贵。将真用于人伦关系，侍奉双亲就会父慈子孝，辅佐君主就会忠贞不渝，饮酒就会舒心欢乐，居丧就会悲痛哀伤。忠贞以建功为主旨，饮酒以快乐为目的，居丧以致哀为主旨，侍奉双亲以适意为主旨。功业成就达到圆满，不必只有一个轨迹；侍奉双亲达到适意，不考虑使用什么方法；饮酒为了达到快乐，不在乎使用什么器具；居丧在于致以哀伤，不必过问具体用什么礼仪。礼仪，是世俗的行为；纯真，却是禀受于自然，因而不可改变。所以，圣人效法自然看重纯真，不受世俗礼节的约束。愚昧的人恰恰与此相反。不能效法自然而体恤世人，不知道珍惜真情本性，庸庸碌碌，接受世俗的流变，所以总不知满足。可惜呀，您早早地沉浸在世俗的伪装中而很晚才听闻大道。"

孔子又一次深深行礼后站起身来，说："如今我孔丘能有幸遇上先生，好像苍天特别宠幸我似的。先生不以此为羞辱并把我当作弟子一样看待，而且还亲自教导我。我冒昧地打听先生的住处，请求借此受业于门下而最终学完大道。"

渔父说："我听说，可以迷途知返的人就与之交往，直至领悟玄妙的大道；不能迷途知返的人，不会真正懂得大道，谨慎小心地不要与他们结交，自身也就不会招来灾祸。你好自为之吧！我得离开你了！我得离开你了！"于是撑船离开孔子，缓缓地顺着芦苇丛中的水道划船而去。

颜渊掉转车头，子路递过拉着上车的绳索，孔子（看着渔父离去的方向）头也不回，直到水波散去，听不见桨声方才登上车子。

子路依傍着车子而问："我能够为先生服务已经很久了，不曾看见先生对人如此谦恭尊敬。大国的诸侯，小国的国君，见到先生历来都是平等相待，先生还免不了流露出傲慢的神情。如今渔父手拿船桨对面站立，先生却像石磬一样弯腰鞠躬，听了渔父的话一再行礼后再作回答，恐怕是太过分了吧？弟子们都很奇怪先生（的行为），一个捕鱼的人怎么能够获得如此厚待呢？"

孔子伏身在车前的横木上，叹息说："子路，你实在是难于教化啊！你沉湎于礼义已经有些时日了，可是粗鄙之心到今天也没能除去。上前来，我告诉你，遇到长辈不恭敬，是失礼；见到贤人不尊重，是不仁。他如果不是一个道德修养臻于完善的人，也就不能使人觉得谦卑低下，对人谦恭却不真诚，就不能保持纯真，所以会伤害身体。可惜呀，不仁对于人的祸害，没有什么比它更大的了，而子路却偏偏有这个毛病。况且大道，是万物产生的根源，普通万物失去它就会死，获得它就会生。做事违背了大道就失败，顺应了大道就会成功。所以大道之所在，圣人就尊崇。如今渔父对于大道，可以说是已有体悟，我怎么能不尊敬他呢？"

阅读提示

《庄子·杂篇·渔父》写了孔子见到渔父以及和渔父对话的全过程。关于如何做人处事、立于世间，孔子主张积极地"饰礼乐、选人伦"，希望能为老百姓建立一个有礼制、有秩序的社会，以此来造福百姓。但在用力甚勤的同时，也因自己的政治主张不被采纳而被驱逐。以渔父为代表的道家则主张"抱朴守真""贵真"，以此达到人人淳朴、纯真，各安其位的治世的状态。

渔父 《庄子》

渔父举了一个很生动的例子：有人害怕自己的影子、讨厌自己的足迹，想要逃避而跑走，殊不知举步越多足迹就越多，跑得越快而影子却总不离身，自己却还以为跑得慢了。其实停留在阴暗处就会没有影子，安静就会没有足迹，还归自然就会没有烦恼。渔父通过对孔子的批评，指斥儒家的思想，并借此阐述了道家无为、守真的思想。最后写孔子对渔父的谦恭和崇敬的心情。

人应以一种闲适的心情去生活而不是整日陷在功名利禄当中，符合庄子一贯的人生哲学。人若不走动，就不会留下足迹，若在阴影处，就没有影子。与其四处奔走而徒劳无功，不如无为而治修养自身。对于圣人，对于择友，对于工作，对于兴趣爱好，对于社会秩序和处世哲学，本篇也都有论及。

**学问思辨**

本篇哪些句子可以体现庄子逍遥游于世间、抱朴守真的思想？

# 小国寡民①

## 《老子》

小国寡民②，使有什伯之器③而不用，使民重死④而不远徙。虽有舟舆⑤，无所乘之。虽有甲兵，无所陈⑥之。使民复结绳而用之。甘其食，美其服，安其居，乐其俗⑦。邻国相望，鸡犬之声相闻，民至老死，不相往来。

### 注释

①选自《老子》第八十章（朱谦之《老子校释》，中华书局1984年版）。此版"寡民"都写作"寡人"，此据王弼改。此版"鸡犬之声"写作"鸡狗之声"，据王弼改。《老子》又称《道德经》，相传为老子所著。老子姓李，名耳，道家学派创始人。　②小国寡民：使国家变小，使人口减少。小，使……变小。寡，使……变少。　③什伯之器：(效率是原来)十倍百倍的器物。伯，通"佰"。　④重死：看重死亡。　⑤虽：即使。舟舆：船和车。舆，车。　⑥陈：摆放。　⑦甘其食，美其服，安其居，乐其俗：认为他们的食物是好吃的，认为他们的衣服是漂亮的，认为他们的住所是安适的，认为他们的风俗是使人快乐的。

## 译文

使国家变小，使人民变少。即使有十倍百倍功用的器械也不使用；使人民看重生命，不向远方迁徙。虽然有船和车，却没有机会乘坐它；虽然有武器装备，却没有地方去陈列它。人民还用结绳的方法来记事。使人民认为自己的食物香甜，认为自己的穿戴漂亮，觉得他们的住宅很安适，喜欢他们的习俗。邻近的国家互相望得见，鸡鸣狗叫的声音互相能听得见，（但是，）人民直到老死也不相往来。

### 阅读提示

本篇选自《老子》第八十章。描述了老子所期待的绝圣弃智、人人安居乐业的"理想国"：不用现代器械，甚至不用车船来迁徙，百姓安于自己的衣食和居所，用结绳记事而没有文字，没有现代文明和礼节来影响人性的本真，人人安于本职工作，不热衷于高谈阔论、研究大道理，百姓一生不相往来。

老子这种"小国寡民"的思想，与儒家积极建立社会秩序和道德体系，热衷现代文明的思想非常不同。对于这种思想，前辈历史学家有自己的看法。范文澜、白寿彝等先生持基本否定态度，认为这是对原始社会的向往，是历史的倒退；任继愈先生持半肯定半否定的态度，认为老子对不合理现象的攻击是对的，只是提出解决社会问题的方法有些消极；冯友兰先生则认为老子所提出的"小国寡民"并不是针对社会形态，而是"人的一种精神境界"。

### 学问思辨

生活在人口密集、与朋友甚至陌生人往来甚密、工业化日益加强的现代社会，你怎么看待老子"小国寡民"的观点？

# 《列子》节选

## 杞人忧天①

杞国有人忧天地崩坠，身亡（wú）所寄②，废寝食者。又有忧彼之所忧者，因往晓之，曰："天，积气耳，亡处亡气③。若屈伸呼吸，终日在天中行止，奈何忧崩坠乎？"

其人曰："天果积气，日月星宿，不当坠耶？"

晓之者曰："日月星宿，亦积气中之有光耀者，只使坠，亦不能有所中伤。"

其人曰："奈地坏何？"

晓者曰："地，积块耳，充塞四虚，亡处亡块。若躇步跐（cǐ）蹈④，终日在地上行止，奈何忧其坏？"

其人舍（shì）然⑤大喜，晓之者亦舍然大喜。

长庐子闻而笑之曰:"虹霓也,云雾也,风雨也,四时也,此积气之成乎天者也;山岳也,河海也,金石也,火木也,此积形之成乎地者也。知积气也,知积块也,奚谓不坏?夫天地,空中之一细物,有中之最巨者,难终难穷,此固然矣;难测难识,此固然矣。忧其坏者,诚为大(tài)远;言其不坏者,亦为未是。天地不得不坏,则会归于坏。遇其坏时,奚为不忧哉?"

子列子闻而笑曰:"言天地坏者亦谬,言天地不坏者亦谬。坏与不坏,吾所不能知也。虽然,彼一也,此一也,故生不知死,死不知生;来不知去,去不知来。坏与不坏,吾何容心哉?"

**注释**

①选自《列子·天瑞》(杨伯峻《列子集释》,中华书局1979年版)。杞,春秋时期国名,在今河南杞县。 ②身亡所寄:没有地方存身。亡,通"无"。寄,依附,依托。 ③亡处亡气:没有哪个地

方没有空气。 ④蹒步跐蹈：犹践踏。 ⑤舍然：释然，疑虑隔阂消除。舍，通"释"。

## 译文

杞国有个人担心天地崩塌坠落，身体无处寄托，于是不睡觉也不吃饭。又有一个为他的忧愁而担心的人，因此来开导他说："天，不过是气体堆积在一起而已，没有地方没有气体。你的一举一动，一呼一吸，整天都在天空中活动，怎么还担心天会崩塌坠落下来呢？"

那个人说："天如果是气体，那日月星辰不就会掉下来吗？"

开导他的人说："日月星辰，也是由气体堆积成的，它们只不过会发光而已，即使掉下来，也不会砸中伤害什么。"

那个人又说："如果地陷下去怎么办？"

开导他的人说："地，不过是堆积的土块罢了，各方都填满了，没有什么地方没有土块。你行走跳跃，整天都在地上活动，怎么还担心地会陷下去呢？"

那个杞国人于是放下心来，很高兴；开导他的人也放了心，很高兴。

长庐子听说（了这件事），笑着说："虹霓呀，云雾呀，风雨呀，四季呀，这些是气在天上积聚而形成的。山岳呀，河海呀，金石呀，火木呀，这些是有形之物在地上积聚而形成的。知道它们是气的积聚，是土块的堆积，为什么说它不会毁坏呢？天地，是宇宙中的一个小东西，却是有形之物中最大的东西，难以终结，难以穷究，本来就是这样的；难以观测，难以认识，本来也是这样的。担心它会崩陷，确实（离正确的认识）太远；说它不会崩陷，也是不正确的。天地不可能不毁坏，最终总会毁坏的。遇到它毁坏的时候，怎么能不担忧呢？"

70

列子听到（上面的对话）后，笑着说："说天地会毁坏的意见是荒谬的，说天地不会毁坏的意见也是荒谬的。毁坏还是不毁坏，是我们不可能知道的事情。即使这样，毁坏是一种可能，不毁坏也是一种可能，所以出生不知道死亡，死亡不知道出生；来不知道去，去不知道来。毁坏与不毁坏，我为什么要放在心上呢？"

# 承蜩丈人①

仲尼适②楚，出于林中，见痀（gōu）偻者承蜩（tiáo）③，犹掇（duō）④之也。仲尼曰："子巧乎！有道邪？"曰："我有道也。五六月，累垸（wán）二而不坠⑤，则失者锱（zī）铢⑥；累三而不坠，则失者十一⑦；累五而不坠，犹掇之也。吾处也，若橛（jué）株驹⑧，吾执臂若槁木之枝。虽天地之大，万物之多，而唯蜩翼之知⑨。吾不反不侧，不以万物易蜩之翼⑩，何为⑪而不得？"孔子顾⑫谓弟子曰："用志不分，乃疑（níng）于神。其痀偻丈人之谓⑬乎！"丈人曰："汝逢衣徒⑭也，亦何知问是乎？修汝所以⑮，而后载言其上⑯。"

## 注释

①选自《列子·黄帝》（杨伯峻《列子集释》，中华书局1979年版）。以下四则出处同。　②适：到。　③承蜩：捉蝉，用竿粘知了。　④掇：拾取。　⑤累垸二而不坠：把两个圆球放在长竿的上面而不使它们掉下来。垸，通"丸"。　⑥锱铢："锱""铢"都是古代的重量单位。锱为一两的四分之一，铢为一两的二十四分之一。比喻极其微小的数量。在这里说失误的几率非常小。　⑦十一：十分之一，这是古代表达分数的一种方法：分母在前，分子在后。　⑧橛株驹：断树枝。　⑨唯蜩翼之知：这句话的正常语序是"唯知蜩翼"。意思是"我的眼里只有蝉的翅膀"。这是古代汉语中的一种句法成分倒置现象——宾语前置。宾语"蜩翼"用"之"复指而前置于谓语动词"知"之前。　⑩不以万物易蜩之翼：不因为万物（的干扰）而不关注蝉的翅膀。　⑪何为：为什么。　⑫顾：回头。　⑬其痀偻丈人之谓乎：恐怕说的就是这位佝偻的捕蝉的老人吧！其，恐怕，表推测语气。　⑭逢衣徒：穿着宽大衣服的人。逢，大。　⑮修：治。所以：用来教化天下的仁义之术。　⑯载言其上：自己施行它。

## 译文

孔子去楚国，出来进入树林中，看到有一个佝偻的人捉蝉，就好像拾它一样容易。孔子说："您很灵巧呀，其中有规律吗？"（捉蝉的人）说："我有规律。五六月份，我拿两个圆球放在长竿的上面而不使它们掉下来，那么（捉蝉）失误就非常少了；如果我拿三个圆球它们还不掉下来，那么（捉蝉）失误就只有十分之一了；如果我放五个圆球它们也不掉下来，那么就可以像拾（蝉）一样了。我在那里，像一截断树枝，我的手臂像一段枯树枝。虽然天地大，万物多，我却只看得见蝉的翅膀。我一动不动，不因为万物就改变对蝉的翅膀的关注，为什么做不到呢？"孔子回头对他的弟子说："心志一定，神情专注，恐怕说的就是捉蝉的佝偻老人吧！"老人说："你们都是衣幅宽大的人，知道我为什么问（老人）这件事吗？好好研习你们用以治理天下的仁义之术，反于自然之道，然后可以将此道记于心上。"

## 好沤鸟者

海上之人有好沤（ōu）鸟[15]者，每旦[16]之海上，从沤鸟游，沤鸟之至者百住而不止。其父曰："吾闻沤鸟皆从汝游，汝取来，吾玩之。"明日之海上，沤鸟舞而不下也。故曰：至言去言，至为无为；齐智[17]之所知，则浅矣。

### 注释

[15]沤鸟：海鸥。　[16]旦：早晨。　[17]齐智：较量智慧。

## 译文

海边有个喜欢海鸥的人，每天早晨都到海上去，跟海鸥一起玩耍。和他一起玩的海鸥，有一百只以上。他的父亲说："我听说海鸥都喜欢跟你一起玩，你抓来，给我玩。"第二天他来到海上，海鸥都在空中飞舞而不下地面上来。所以说：最好的语言是没有语言，最好的作为是没有作为。同别人比试智慧的想法，那是很浅陋的。"

# 柔弱胜刚强

天下有常胜之道，有不常胜之道。常胜之道曰柔，常不胜之道曰强。二者亦知，而人未之知。故上古之言：强，先[18]不己若者；柔，先出于己者。先不己若者，至于若己，则殆[19]矣。先出于己者，亡所殆矣。以此胜一身若徒[20]，以此任天下若徒，谓不胜而自胜，不任而自任也。粥（yù）子曰："欲刚，必以柔守之；欲强，必以弱保之。积于柔必刚，积于弱必强。观其所积，以知祸福之乡。强胜不若己[21]，至于若己者刚[22]；柔胜出于己者，其力不可量。"老聃（dān）㉓曰："兵强则灭。木强则折。柔弱者生之徒，坚强者死之徒㉔。"

**注释**

⑱先：战胜，超过。　⑲殆：危险。　⑳徒：什么也不做，什么也不说。　㉑强胜不若己：刚强的人战胜不如自己的人。　㉒刚：遇到挫折。　㉓老聃：老子，姓李名耳，字聃，故人称老子为老聃。㉔徒：同一类人。

**译文**

天底下有经常能取胜的方法，有不经常能取胜的方法。经常取胜的方法叫作柔弱，经常不能取胜的方法叫作刚强。两者容易明白，但人们却不明白。所以上古有话说：刚强的可以战胜不如自己的；柔弱，可以战胜比自己强的。可以战胜不如自己的人，碰到和自己相当的人，就危险了。可以战胜比自己强的人，就没有什么危险了。以柔弱战胜一个人，像什么也没有干一样；以此来统治天下人，也会像什么都没有干一样。这叫作不想取胜而自然取胜，不想统治而自然统治。鬻子说："想要刚强，一定得用柔软守护它；想要强大，一定得用虚弱保护它。从柔软积累起来的一定刚硬，从虚弱积累起来的一定坚强。看他所积聚的是什么，就会知道他的祸福的发展方向。刚强的人能战胜不如自己的人，等到和自己相当的人，就会受挫折；柔弱能战胜力量超过自己的，他的力量是不可估量的。"老聃说："刚强的军队会被消灭，刚强的树木容易被折断。柔弱的东西属于生的一类，坚强的东西属于死亡的一类。"

# 狙公养狙

　　宋有狙㉕公者，爱狙；养之成群，能解狙之意；狙亦得公之心。损其家口，充狙之欲。俄而㉖匮焉，将限其食。恐众狙之不驯于己㉗也，先诳㉘之曰："与若芧（xù）㉙，朝三而暮四，足乎？"众狙皆起而怒。俄而曰："与若芧，朝四而暮三，足乎？"众狙皆伏而喜。物之以能鄙相笼，皆犹此也。圣人以智笼群愚，亦犹狙公之以智笼众狙也。名实不亏，使其喜怒哉！

## 注释

㉕狙：猿猴。　㉖俄而：不久。　㉗不驯于己：不被自己驯服，不听自己的。　㉘诳：欺骗。　㉙芧：橡树，栎的一种。

## 译文

　　宋国有个养猿猴的人，（他）爱猿猴，（所以）养了很多。（他）能理解猿猴的意思，猿猴也懂得狙公的心思。（狙公）节省家人的口粮，（以此）满足猿猴的饮食。不久，缺乏粮食，（狙公）想要限制他们的食量。害怕猿猴们不听自己的，先骗他们说："给你们橡子，上午三个，下午四个，够吗？"所有的猿猴都跳起来发怒。过了一会儿，他说："给你们橡子，上午四个，下午三个，够了吗？"所有猿猴们都趴在地上很高兴。人和动物用智慧或粗鄙互相笼络，都像这种情况。圣人用智慧笼络那些愚笨的群众，也就像养猴老人用智慧笼络猿猴那样。名义和实质都不亏损，却能使得人们一会儿喜一会儿怒。

## 呆若木鸡

纪渻（shěng）子为周宣王养斗鸡，十日而问："鸡可斗已乎？"曰："未也，方虚骄而恃气。"十日又问。曰："未也，犹应影向㉚。"十日又问。曰："未也，犹疾视而盛气。"十日又问。曰："几（jī）㉛矣。鸡虽有鸣者，已无变矣。望之似木鸡矣，其德全矣。异鸡无敢应者㉜，反走㉝耳。"

**注释**

㉚向：通"响"，回声。　㉛几：差不多。　㉜异鸡无敢应者：别的鸡没有敢于应战的。异，其他，别的。应，指应战，互斗。　㉝走：跑。

## 译文

　　纪渻子为周宣王驯养斗鸡。过了十天，周宣王问："鸡可以拿来斗了吗？"纪渻子回答说："不行，它们现在正虚浮骄矜自恃意气呢。"十天后，周宣王又问，（纪渻子还是）回答说："不行，它们看见影子听见回声就反应迅速。"十天后，周宣王又问，（纪渻子还是）回答说："不行，它们还是视线迅速快捷，意气强盛。"又过了十天，周宣王又问，（纪渻子）回答说："差不多了。别的鸡打鸣的时候，它已不会有什么变化，看上去像木鸡一样，它的德行可说是完备了。别的鸡没有敢于应战的，只能掉头就跑。"

### 阅读提示

　　本篇选择了《列子》中的几则寓言小故事。古人的生活和大自然融合在一起，圣人从大自然那里悟到很多为人处世的道理——承蜩丈人的专注力和功夫来自对自然现象的洞察，好沤鸟者从海鸥那里学到了人不可太自作聪明，养猴老人用智慧笼络猴子让我们想到了圣人用智慧笼络愚笨的群众，"木鸡"的养成过程让人明白沉着冷静的训练过程，以及这样的品质能给人们带来战胜一切的稳定力量。

文中有多少句宾语前置的句子？你在文言文学习中，还碰到过其他宾语前置的句子吗？搜集在一起，找规律。

《列子》节选　　《列子》

## 《说难》节选①

《韩非子》

昔者郑武公欲伐胡②，故先以其女妻胡君以娱其意③。因问于群臣："吾欲用兵，谁可伐者？"大夫关其思对曰："胡可伐。"武公怒而戮④之，曰："胡，兄弟之国也，子言伐之何也？"胡君闻之，以郑为亲己，遂不备郑。郑人袭胡，取之。宋有富人，天雨（yù）⑤墙坏。其子曰："不筑，必将有盗。"其邻人之父亦云。暮而果大亡其财。其家甚智⑥其子，而疑邻人之父。此二人说者皆当矣，厚者为戮，薄者见疑⑦，则非知之难也，处之则难也。故绕朝⑧之言当矣，其为圣人于晋而为戮于秦也，此不可不察。

昔者弥子瑕有宠于卫君<sup>⑨</sup>。卫国之法，窃驾君车者罪刖（yuè）<sup>⑩</sup>。弥子瑕母病，人闻，有夜告弥子，弥子矫<sup>⑪</sup>驾君车以出。君闻而贤之，曰："孝哉！为母之故，忘其犯刖罪。"异日，与君游于果园，食桃而甘，不尽，以其半啖君。君曰："爱我哉！忘其口味，以啖寡人。"及弥子色衰爱弛，得罪于君，君曰："是固尝矫驾吾车，又尝啖我以余桃。"故弥子之行未变于初也，而以前之所以见贤<sup>⑫</sup>而后获罪者，爱憎之变也。故有爱于主，则智当而加亲；有憎于主，则智不当见罪而加疏。故谏说谈论之士，不可不察爱憎之主而后说焉。

注释

①选自《韩非子·说难》（王先慎《韩非子集解》，中华书局1998年版）。说难，游说（君王）的难处。韩非子，战国末期韩国（河南新郑）人，是法家思想的集大成者。他出身于贵族世家，曾建议韩王

采用法家主张，实行变法以图自强，但未被采纳。后来韩非的著作如《孤愤》《五蠹》等传到秦国，秦始皇读后十分欣赏韩非的才识，希望韩非能够为己所用。为此秦始皇使用兵力逼迫韩国，韩王命韩非出使秦国。韩非到秦国后，不久遭到李斯的陷害，死于狱中，但韩非的政治主张却为秦始皇所实践。　②郑武公：郑国国君。胡：春秋时的小国。　③妻：做……的妻子。娱：使高兴。　④戮：杀戮。　⑤雨：下雨。　⑥智：认为……聪明，意动用法。　⑦厚者为戮，薄者见疑：严重的被杀戮，轻的被怀疑。　⑧绕朝：秦康公时的秦国大夫，据《左传·文公十三年》记载，秦康公因为误信了晋国的谗言，而诛杀了自己的忠臣绕朝。　⑨弥子瑕有宠于卫君：弥子瑕被卫君宠幸。弥子瑕姓弥名瑕，卫之嬖大夫也。大家叫他弥子，他的名是瑕，因称"弥子瑕"。　⑩罪刖：犯刖罪。刖，古代的一种酷刑，把犯人的脚砍掉。　⑪矫：假传命令。　⑫见贤：被人看作贤德。

## 译文

从前郑武公想要攻打胡国，所以把自己的女儿嫁给胡国的君主，来让他高兴。于是问大臣们说："我想要发兵打仗，可以攻打谁？"大夫关其思回答说："可以攻打胡国。"郑武公大怒，就把关其思杀了，说："胡国，是我们的兄弟之国，你说攻打它，是什么意思？"胡国国君听说了这件事，就认为郑国是亲近自己的国家，于是不防备它。郑国袭击胡国，占领了它。宋国有一个富人，天下雨了，他家的墙坏了。他的儿子（劝他）说："如果不修墙，那么一定会有人偷盗。"他的邻居家的老人也这么说。到了晚上，富人家果然丢失了很多财物。（结果）那个富人认为自己的儿子聪明，却怀疑邻居家的老人（偷了他的东西）。这两个人的话都对，但是严重的被杀害，轻的被怀疑，可见知道事情的道理并不难，难在怎么处理。所以绕朝的话是对的，他在晋国被当作圣人，但到了秦国却被杀戮，这不能不谨慎。

从前，弥子瑕在卫灵公前得宠。按照卫国的法律，私自驾国君车子的人要处以断足的刑罚。弥子瑕母亲生病了，有人知道了，连夜去告诉弥子瑕，弥子瑕假传命令驾着国君的车子出城去了。国君听说了之后，认为他很贤德，说："很孝顺啊！因为母亲的缘故，竟忘了（私自驾国君的车子外出）犯了断足的刑罚了。"又一天，（弥子瑕）和国君一起在果园游玩，他吃到一个很甜的桃子，没吃完，就把这个桃子给了国君吃。国君说："这是多么爱我啊！忘记这个是他品尝过的桃子了，来给我吃。"等到弥子瑕容颜老去，（国君）对他的宠爱淡薄了，得罪了国君，国君说："这个人本来就曾假传命令驾驶我的车子，又曾把他吃剩下的桃子给我吃。"所以，弥子瑕的行为和以前相比没有改变，然而先前被赞贤德，而后来却获罪，是因为卫灵公的爱憎变化了呀。因此，受到国君的宠爱，那么他的智慧就很合适，而且和国君更加亲近；受到国君的憎恶，那么他的智慧就不合于国君心意，而被疏远。所以劝谏游说谈论国事的人，不可以不考察君主的爱憎，然后再去游说。

阅读提示

《韩非子·说难》篇论述了游说君王的诸多困难，之后又以许多历史典故来说明游说的难处，是典型的论说文。韩非一生常与君王出入，参考历史上大臣的事例，他认为，游说的真正困难在于所要游说对象（即君主）的主观好恶，即"知所说之心"。也就是说，想要游说成功，一定要注意仰承君主的爱憎厚薄，断不可撄君主之"逆鳞"。

　　本篇所选的几个小典故中，第一个，大臣关其思因不"知所说之心"——不懂所游说君主的真正意图——说出真相而遭到郑武公的杀戮。第二个，"邻人之父"因不明白自身所处的位置——有可能被卷入是非之中，而被宋国富人怀疑。关其思和"邻人之父"对事情的洞察都不能说不对，然而一个丢掉性命，一个被人怀疑偷盗，这是他们在如何处理"知"，如何处事上做得不好。第三个，弥子瑕因为卫君的爱憎不同而有了不同的境遇：前者被赞美贤德孝顺、爱君如己，而等到色衰爱弛，同样的事情却被国君借来疏远。因此，谏说谈论之士，不仅需要明白事理，更需要了解人心，做全面的考虑，这样才能达到劝说游说的目的，使自己的政治主张得到实施。

## 学问思辨

　　本篇所选的两个故事说明了进谏、游说时会碰到怎样的困难？

# 《牧民》节选[①]

## 《管子》

国有四维。一维绝则倾,二维绝则危,三维绝则覆,四维绝则灭。倾可正也,危可安也,覆可起也,灭不可复错[②]也。何谓四维?一曰礼,二曰义,三曰廉,四曰耻。礼不逾节,义不自进,廉不蔽恶,耻不从枉。故不逾节则上位安;不自进则民无巧诈;不蔽恶则行自全;不从枉则邪事不生。

政之所兴,在顺民心;政之所废,在逆民心。民恶忧劳,我佚乐之;民恶贫贱,我富贵之;民恶危坠,我存安之;民恶灭绝,我生育之。能佚乐之则民为之忧劳;能富贵之则民为之贫贱;能存安之则民为之危坠;能生育之则民为之灭绝。

故刑罚不足以畏其意,杀戮不足以服其心。故刑罚繁而意不恐,则令不行矣。杀戮众而心不服，则上位危矣。故从其四欲，则远者自亲；行其四恶，则近者叛之。故知予之为取者，政之宝也。

**注释**

①选自《管子·牧民》（黎翔凤撰，梁运华整理《管子校注》，中华书局2004年版）。　②错：实施举措、措施，处置。

**译文**

国家有四个维度，缺了一维，国家就会倾斜；缺了二维，国家就危险了；缺了三维，国家就会倾覆；缺了四维，国家就会灭亡。倾斜了还可以扶正，危险了还可以使它安定，倾覆了还可以兴起，灭亡了就不可以再做什么了。什么是四维呢？一是礼，二是义，三是廉，四是耻。守礼就不会超越礼节，崇尚义就不会妄自求进，清廉就不会掩蔽罪恶，知道羞耻就不会跟随不正之人。所以不超越礼节，那么在上位的人就会安心；不妄自求进，那么老百姓就不会奸巧欺骗；不掩蔽罪恶，那么行为就自然端正；不跟从坏人，那么邪乱的事情就不会发生了。

政令之所以能推行，在于顺应民心；政令之所以不能推行，在于违背民心。人民不喜欢忧愁劳苦，我便使他们安乐；人民害怕贫贱，我便使他们富贵；人民怕危险，我便使他们安定地生活；人民害怕灭绝，我便使他们生育繁息受教育。因为我能使人民安乐，他们就可以为我承受忧愁劳苦；我能使人民富贵，他们就可以为我忍受贫贱；我能使人民安定生活，他们就可以为我承担危险；我能使人民生育繁息受教育，他们也就不惜为我而牺牲了。所以，刑罚不足以使人民害怕，杀戮不足以使人民心悦诚服。

所以，刑罚繁重而百姓内心不惧怕，法令就无法推行了；杀戮多行而百姓内心不服气，那么上位的地位就危险了。因此，满足百姓上述四种愿望，疏远的自会亲近；强行施行上述四种人民厌恶的事情，亲近的也会叛离。由此可知，"予之于民就是取之于民"这个原则，是治国的法宝。

## 阅读提示

本篇比较集中和充分地体现了中国社会在农业时代的结构特点和发展规律。第一段中点出"礼、义、廉、耻"四维对社会健康持续发展的重要作用，表现为积极的作用（"礼不逾节，义不自进，廉不蔽恶，耻不从枉"）和缺乏后的影响（"一维绝则倾，二维绝则危，三维绝则覆，四维绝则灭"）。第二段中点出人民群众是历史的创造者，民心向背决定了统治者的地位和未来；也点出了统治者不可简单粗暴地靠重刑来治理百姓，否则其地位就危险了。最后，总结：只要顺应民心，使他们安乐、富贵、繁衍生息、受教育，那么国家统治就会安定。因为百姓的需求得到满足了，就会积极为国家承受劳苦、忍受贫贱、承担危险甚至为国牺牲，这样的统治者，还担心什么呢？这就是所谓的"予之于民就是取之于民"。

**学问思辨**

我国历代政治家都把顺应民心看得非常重要，推崇"得民心者得天下"注重"民心向背"。就你所学的历史知识，举例分析一个王朝的覆灭是如何违背民心、最终走向灭亡的？

# 战 法①

## 《商君书》

凡战法必本于政胜，则其民不争，不争则无以私意，以上为意。故王者之政，使民怯于邑斗②，而勇于寇战③。民习以力攻难，故轻死。

见敌如溃，溃而不止，则免。故兵法"大战胜，逐北④无过十里。小战胜，逐北无过五里。"

兵起而程敌⑤：政不若者，勿与战；食不若者，勿与久；敌众，勿为客；敌尽不如，击之勿疑。故曰：兵大律在谨，论敌察众，则胜负可先知也。

王者之兵，胜而不骄，败而不怨。胜而不骄者，术明也；败而不怨者，知所失也。

若兵敌强弱，将贤则胜，将不如则败。若其政出庙算者⑥，将贤亦胜，将不如亦胜。

政久持胜术者，必强至王。若民服而听上，则国富而兵胜，行是，必久王。

其过失，无敌深入，偕险绝塞，民倦且饥渴，而复遇疾，此其道也。故将使民者乘良马者，不可不齐也。

**注释**

①选自《商君书·战法》（高亨《商君书注译》，中华书局1974年版）。　②邑斗：与本邑人私斗。　③寇战：与外寇战争。按照商氏之法，邑斗要处罚，寇战有奖赏。　④逐北：追逐兵败的敌人。　⑤程敌：把自己和敌人相对比。程，衡量。　⑥庙算者：朝廷。

**译文**

一般说来，战争的策略一定要以政治上的优胜为根本，这样，人民才不争夺，人民不争夺才没有自私的想法，以为政者的意志为意志。所以成就王业的国君的政治，使人民在乡里械斗就胆怯，但却勇于和敌人作战。人民习惯于用力量攻打强悍的敌军，所以不怕死。

看见敌兵如水决口一样崩溃，奔跑不停，那就放了他吧！兵法曾说"大大胜过对方，追赶敌兵，不要超过十里。略微地胜过对方，追赶敌兵，不要超过五里。"

军队一动，就先要衡量我们和敌国的实力：如果我们的政治不如敌国，就不要和他作战；如果我们的食物供给没有敌国多，不要和他持久战；如果敌国士兵比我们多，我们就不要跑到人家的土地上去进攻；如果敌国所有的因素都不如我们，我们就向它进攻，不要怀疑。所以说，用兵的最大原则在于谨慎，研究敌情，考察双方兵力的多少，那么，胜败是可以预先知道的。

成就王业的国君的军队，战胜了不骄傲，战败了不怨恨。战胜了之所以不骄傲，是因为知道自己的战术高明。战败了之所以不悔恨，是因为能认清自己的错误。

如果我们的兵力和敌国的兵力强弱相等，如果我们的将领贤能，那么就能打胜仗；如果将领赶不上敌国，就会打败仗。如果计谋出自朝廷（胜过敌人），将领贤能也能胜利，将领赶不上敌人也能胜利。在政治上能够长久地掌握着战胜的策略，国家必定强盛以至于成就王业。如果人民服从，听从上位者的命令，那么国家就富有，军队就能打胜仗。能做到这一点，就一定能长久统治百姓。

战略上的错误是没有遇到敌兵，深入敌境，背后是险地，横穿过阻塞，士兵疲劳、饥渴，又染了疾病，这就是走上战败的道路了。所以将领使用士兵，比如骑良马，不可以不调剂它的力量。

**阅读提示**

这篇论述战争的策略，内容比较简单。作者强调指出，政治上的胜利是战争胜利的根本，是成就王业的主要条件。此外还说，治国要使人民勇于公战，怯于私斗；军队要在平时练习作战；敌人败退，不要穷追；考察敌我的形势，可以预知胜败；

战胜不要骄傲，战败不必悔恨；将领的贤与不贤和胜败有关；行军不可深入险境，不可使士兵过于疲劳。以上各点，都是零碎地提出，简要地论定，但不乏真知灼见，值得细细品味。

**学问思辨**

敌败不要穷追的战术是正确的吗？这和古人"斩草除根"的思想是否相违背？

# 第二单元　两汉卷

　　诗者，志之所之也，在心为志，发言为诗，情动于中而形于言，言之不足，故嗟叹之，嗟叹之不足，故永歌之，永歌之不足，不知手之舞之足之蹈之也。

# 一 文赋光辉，两汉气象

## 美人赋①

司马相如

司马相如，美丽闲都（dū）②，游于梁王③，梁王说（yuè）之。邹阳谮④之于王曰："相如美则美矣，然服色容冶妖丽，不忠，将欲媚辞取悦，游王后宫，王不察之乎？"王问相如曰："子好色乎？"相如曰："臣不好色也。"王曰："子不好色，何若孔墨⑤乎？"

相如曰："古之避色，孔墨之徒，闻齐馈女而遐逝⑥，望朝歌而回车⑦，譬犹防火水中，避溺山隅，此乃未见其可欲，何以明不好色乎？若臣者，少长西土，鳏（guān）⑧处独居，室宇辽廓，莫与为娱。臣之东邻，有一女子，云发丰艳，蛾眉皓齿，颜盛色茂，景曜光起。恒翘翘⑨而西顾，欲留臣而共止。登垣而望臣，三年于兹矣，臣弃而不许。窃慕大王之高义，命驾东来。途出郑卫⑩，道由桑中。朝发溱（zhēn）洧（wěi），暮宿上宫⑪。

"上宫闲馆，寂寞云虚⑫，门阁昼掩，暧⑬若神居。臣排其户而造其室，芳香芬烈，黼（fǔ）⑭帐高张。有女独处，婉然在床。奇葩（pā）逸丽，淑质艳光。睹臣迁延⑮，微笑而言曰：'上客何国之公子！所从来无乃远乎？'遂设旨酒，进鸣琴。臣遂抚弦为《幽兰》《白雪》之曲。女乃歌曰：'独处室兮廓⑯无依，思佳人兮情伤悲！有美人兮来何迟，日既暮兮华色衰，敢托身兮长自私。'玉钗挂臣冠，罗袖拂臣衣。时日西夕，玄阴⑰晦冥；流风惨冽，素雪飘零；闲房寂谧⑱，不闻人声。于是寝具既设，服玩珍奇，金錎（zā）⑲薰香，黼帐低垂，裀（yīn）褥（rù）重陈，角枕横施。女乃弛其上服，表其亵（xiè）衣⑳。皓体呈露，弱骨丰肌。时来亲臣，柔滑如脂。臣乃脉定㉑于内，心正于怀。信誓旦旦，秉㉒志不回；翻然高举，与彼长辞。"

### 注释

①选自金国永校注《司马相如集校注》，上海古籍出版社1993年版。　②闲都：文雅美好。　③梁王：梁孝王刘武，汉高祖子刘恒的后代。　④邹阳：梁孝王客卿，齐人。谮：说人坏话，诬陷，中伤。⑤何若孔墨：和孔子墨子比怎么样？何若，和……相比怎么样？　⑥闻齐馈女而退逝：听到齐人赠女乐而离去。《论语·微子》："齐人归（馈）女乐，季桓子受之，三日不朝，孔子行。"《史记·孔子世家》谓孔子由大司寇摄行相事，齐国怕鲁国因此强大，送美女良马给鲁君，季桓子出面受礼，鲁君由此怠于政事，孔子离职去鲁至卫。　⑦望朝歌而回车：看见朝歌而返回。朝歌，商朝都城。商纣王在朝歌淫乐导致身死国亡。《淮南子·说山训》："墨子非乐，不入朝歌之邑。"　⑧鳏：无妻或丧妻的男人。　⑨翘翘：仰首。　⑩郑卫：西周至春秋的两个诸侯国。　⑪溱洧：二水名。在郑国（今河南境内）。上宫：《诗经·鄘风·桑中》："期我乎桑中，要我乎上宫。"代指淫乐之地。　⑫云虚：云雾空中。言其寂静。　⑬暧：幽暗不明。　⑭䙆：帐幔。　⑮迁延：拖延，迟疑。　⑯廓：空。　⑰玄阴：冬气。　⑱谧：静。　⑲金铈：金属香炉，以机环扣合，成球形，能旋转滚动而其体恒平。　⑳亵衣：内衣。　㉑脉定：血脉稳定，平静不激动。　㉒秉：持，守。

司马相如很美好文雅，游说梁王，梁王喜欢他。邹阳向梁王诽谤他说："相如美丽是美丽，只是衣服姿色妖艳，不忠诚，（他恐怕是）想要用甜言蜜语取悦于您，到大王后宫去（与您的嫔妾）游玩，您没有察觉吗？"梁王问相如说："你贪恋女色么？"相如说："我不贪恋女色。"梁王说："您不贪恋女色，和孔子墨子相比怎么样？"

相如说："古代回避女色，孔子听说齐国赠送美女（到鲁国）就跑得远远的，墨子（远远）望见商代淫乐的都城朝歌就调转车头，好比防火躲到水里，防水而跑到山上，没有见到什么想要的，凭什么说不喜爱女人呢？比如我，从小生活在西部，一个人独住，房屋很大，没有人和我玩乐。我的东边隔壁，有一个女孩子，美发如云，双眉如蛾，牙齿洁白，颜面丰盈，容光焕发。经常高高仰着头向西看，想留我一起住宿；爬上墙看我，到现在已经三年了，我搁置而不回应。我私下里仰慕大王高尚的情操，驱车向东来，路过郑国、卫国和桑中等国，早上从郑国的溱洧河出发，晚上住在卫国的上官。

"上官房屋都空闲着，寂寞云雾空置，门呀窗呀白天也关着，幽暗不明，像是神仙住的地方。我推开房门，进入室内，香气格外浓郁，帏幔高高地挂着。有个美女一个人居住，她娇柔地躺在床上，像奇异的花一样安娴美丽，性情贤淑，容光艳丽。看到我就恋恋不舍，微笑着说：'贵客是哪国公子，是从很远的地方来的吧？'于是摆出美酒，献出鸣琴。于是，我就弹出《幽兰》《白雪》的曲调，美女就唱歌：'我独住空房啊宽大，无人相依，思念佳人啊心情悲伤！有个美人啊来得太迟，时间流逝啊红颜衰老，大胆托身啊永远相思。'她的玉钗挂住了我帽子，丝绸衣袖飘拂在我的身上。当时太阳已经西下，冬气昏暗，寒风凛冽，白雪飘洒，空房寂静，听不到人的说话声。当时，床上用品已经铺好，服饰古玩珍贵稀奇，金香炉燃起薰香；床帐已放下，被褥一层层铺着，精美的枕头横放床上。美女脱去外衣，露出内衣，雪白的身体裸露呈现，显出苗条的骨骼，丰满的肌肉，时时贴身亲近我，她的皮肤柔嫩光滑仿如凝脂。我却脉搏安定，内心纯正，誓言真诚，守志不移。远走高飞，与她长别。"

**阅读提示**

　　在这篇文章中，司马相如借梁王之问，表现出自己高洁的品格。文章开头假设自己受人诽谤，以下便着力论述自己不好色。首先，作者用古代圣贤作有力衬托，之后，作者写自己年轻时就受到一位"美发如云、双眉如蛾、牙齿洁白、颜面丰盈、容光焕发"的女孩子的青睐而自己却毫无回应。最后，作者写赴梁途中的见闻，运用衬托的手法，突出自己不好色。"安娴美丽，性情贤淑，容光艳丽"的美女有意亲近，然而作者仍不为所动，内心纯正，与之长别。作者在这个部分花了许多笔墨写美女的容貌和身姿、居所的华丽和安逸，而这些描述更加衬出作者的心志专一与意志坚定。以上三个方面的论述，表现了本文主旨：自己始终坚守高洁的思想和品格，不为任何诱惑所动。

听说过"坐怀不乱"的故事吗？查查资料，跟同学讲一下这个故事。

美人赋
司马相如

# 哀二世赋①

司马相如

登陂（pō）陁（tuó）之长阪兮②，坌（bèn）入曾宫之嵯峨③。临曲江之隑（qì）州兮④，望南山之参差。岩岩深山之谾谾（lǒng lǒng）兮⑤，通谷嚄（huò）乎谽（hān）谺（xiā）⑥。汩（gǔ）淢（yù）噏（xī）习以永逝兮⑦，注平皋之广衍⑧。观众树之蓊（wěng）薆（ài）⑨兮，览竹林之榛榛（zhēn zhēn）⑩。东驰土山兮，北揭（qì）石濑（lài）⑪。弥节容与兮，历吊⑫二世。持身不谨兮，亡国失势；信谗不寤（wù）⑬兮，宗庙灭绝。呜呼哀哉！操行之不得兮，墓芜秽而不修兮，魂亡（wú）归而不食。敻（xiòng）⑭邈绝而不齐兮，弥久远而愈侎（mèi）⑮。精罔（wǎng）阆（liǎng）⑯而飞扬兮，拾（shè）九天⑰而永逝。呜呼哀哉！

## 注释

①选自金国永校注《司马相如集校注》，上海古籍出版社1993年版。　②陂陁：倾斜的样子。阪：山坡。　③坌：并。曾：通"层"，层叠。　④曲江：在宜春苑（后称乐游原）。陁：岸。州：通"洲"。⑤岩岩：高峻的样子。嵤嵤：深通的样子。　⑥嶰：同"豁"，开阔。谺谺：山谷空阔的样子。　⑦汩减：水流迅疾。噏习：水飘忽的样子。　⑧平皋：水边平地。广衍：宽广绵长。　⑨翁蓊：草木茂盛的样子。　⑩榛榛：草木茂盛的样子。　⑪揭：提起衣裳渡水。石濑：淌过沙石的流水。　⑫历吊：经过（坟地）凭吊。　⑬寤：通"悟"。⑭夐：远。　⑮怵：通"昧"，昏暗。　⑯精：精魂。罔阆：通"魍魉"，鬼怪。　⑰拾：拾级而上。九天：高天。

## 译文

登上那长长的斜山坡啊，一起进入层层叠叠的巍峨宫殿。临近曲江岸边的水中陆地啊，遥望参差起伏的终南山。险峻的高山阔大幽深啊，长长的山谷开阔蜿蜒。溪水湍急缥缈流动啊，消失在广袤延伸的平原。看层层树林翁蓊郁郁啊，看竹林苍翠葱葱。往东飞驰经过土山啊，往北走过沙石流泉。减速慢慢地行走，一边走一边沉吟啊，凭吊秦二世胡亥。立身做事不谨慎啊，失去了国家和权势；听信小人的谗言不悔悟啊，祖庙祭祀都断绝。呜呼，悲哀啊！节操行为不合适啊，坟墓荒芜废置、无人修理，魂魄无处去也没有吃的。断绝祭祀已经很久了啊，愈加久远就愈加前途昏暗。魂魄变成鬼怪飞扬啊，到达九天而永远消逝。呜呼，可怜啊！

**阅读提示**

司马相如随汉武帝打猎，经过宜春宫秦二世胡亥墓时，不禁追思历史，哀悼二世，感慨——君王如果立身做事不谨慎，听信小人谗言不悔悟，那么就会失去国家权势，断绝宗庙祭祀，以至身后坟墓荒芜无人供祭，魂魄飞散永逝。作为汉臣，司马相如除感喟二世的遭遇外，更是要借历史故事委婉议政，希望汉武帝以史为鉴，莫蹈覆辙。

**学问思辨**

《阿房宫赋》中说"秦人不暇自哀，而后人哀之，后人哀之而不鉴之，亦使后人而复哀后人也！"司马相如哀悼二世而作此文，汉武帝如不领悟，后人又会像司马相如哀悼二世一样哀悼汉武帝，历史好像在循环往复，却从未从前人的失败中汲取教训。培根在《论读书》中说"读史使人明智"，你怎么看这两个观点？

# 士不遇赋①

董仲舒

呜呼嗟乎，遐哉邈矣。时来曷迟，去之速矣。屈意从人，非吾徒②矣！正身俟时③，将就木④矣。悠悠⑤偕时，岂能觉矣。心之忧欤，不期禄⑥矣。皇皇⑦匪宁，祇（zhǐ）⑧增辱矣。努力触藩⑨，徒摧角矣。不出户庭，庶无过矣。

重曰："生不丁三代之盛隆兮，而丁三季之末俗。以辨诈而期通兮，贞士⑩耿介而自束。虽日三省于吾身兮，繇（yóu）⑪怀进退之惟谷。彼寔繁之有徒兮，指其白而为黑。目信嫮（hù）而言眇兮⑫，口信辩而言讷。鬼神不能正人事之变戾兮，圣贤亦不能开愚夫之违惑⑬。出门则不可与偕往兮，藏器⑭又蚩其不容。退洗心而内讼兮⑮，亦未知其所从也。

"观上古之清浊兮，廉士亦茕茕（qióng qióng）

而靡（mǐ）归。殷汤有卞随与务光兮[16]，周武有伯夷与叔齐[17]。卞随务光遁迹于深渊兮，伯夷叔齐登山而采薇。使彼圣人其繇周邌[18]兮，矧（shěn）[19]举世而同迷。若伍员[20]与屈原兮，固亦无所复顾。亦不能同彼数子[21]兮，将远游而终慕。

"于吾侪（chái）[22]之云远兮，疑荒涂而难践。惮君子之于行矣，诚三日而不饭。嗟天下之偕违兮，怅无与之偕返。孰若反身于素业[23]兮，莫随世而轮转。虽矫情而获百利兮，复不如正心而归一善。纷既迫而后动兮，岂云禀性之惟褊（biǎn）[24]。昭《同人》而《大有》兮，明谦光而务展[25]。遵幽昧于默足兮[26]，岂舒采而蕲显[27]。苟肝胆之可同[28]兮，奚须发之足辨也。"

**注释**

①选自费振刚、仇仲谦、刘南平《全汉赋校注》，广东教育出版社2005年版。董仲舒，广川郡（今河北衡水）人，汉代思想家、哲学

家、政治家、教育家。他少年即好学，研习《春秋》，渐成为举国知名的大儒，曾官至王侯的相国。《士不遇赋》为其晚年所作。　②吾徒：我的同类。　③正身俟时：修身等待时机。《荀子·法行》："君子正身以俟，欲来者不拒，欲去者不止。"　④就木：入棺，即死亡。《左传·僖公二十三年》："（重耳）将适齐，谓季隗曰：'俟我二十五年，不来而后嫁。'对曰：'我二十五年矣，又如是而嫁，则就木焉，请待子。'"　⑤悠悠：时光漫长。　⑥禄：官俸，指出仕。　⑦皇皇：通"惶惶"，内心不安的样子。　⑧祇：仅仅。　⑨触藩：用角抵撞篱垣。以下四句分见《周易》的《大壮》和《节卦》。　⑩贞士：守志不移之人。　⑪繇：通"犹"，尚且。　⑫嫚：即"嬿"，美貌。眇：盲一目。　⑬违惑：违背事理而令人迷惑。　⑭藏器：指怀有才能。《周易·系辞下》："君子藏器于身，待时而动。"　⑮洗心：洗涤邪恶之心。内讼：自责。　⑯卞随：古代隐士。相传汤将伐桀，曾和卞随商议，卞随没有说话。汤战胜桀后，又想把天下让与卞随，卞随不肯接受，投稠水而死。务光：古代隐士。相传汤要把天下让与务光，务光自投水而死。　⑰伯夷、叔齐：商末孤竹国君的两个儿子。相传其父想传位于叔齐。孤竹君死后，叔齐让位给兄长伯夷，伯夷不受，叔齐也不愿即位，先后都逃到周。武王伐纣，二人曾叩马谏阻。武王灭商后，二人耻食周粟，逃到首阳山，采薇而食，最后饿死在山里。　⑱周遑：彷徨。　⑲矧：况且。　⑳伍员：伍子胥。春秋时楚人，父兄皆被楚平王杀死。子胥奔吴，吴封以申地，故又称申胥。助吴王阖闾伐楚，掘楚平王墓，鞭尸三百。后伐越，谏吴王夫差灭越不听。吴王信谗言，迫子胥自杀。　㉑彼数子：上文之卞随、务光、伯夷、叔齐、伍员、屈原等。　㉒侪：辈。　㉓素业：清素之业，指儒业。　㉔禀性：品性，资质。褊：气量小。　㉕谦光：因谦让而愈有光辉。务展：一定要发扬。　㉖幽昧：昏暗不明。默足：《礼记·中庸》："国有道，其言足以兴；国无道，其默足以容（身）。"此指沉默不语而苟活于世。 ㉗蕲：通"祈"，求。 ㉘肝胆之可同：意思是肝胆相照。

## 译文

呜呼，叹息呀，已经远去了。机遇来得如此晚，却又走得那么快。委屈自己听从他人，不是我的做派呀！端正自己等待时机，却恐怕已经行将就木了。糊糊涂涂与世飘荡，又哪里能明白呢？内心忧伤，不期待功名利禄。惶惶不能安宁，只是徒增屈辱罢了。想要积极努力，却碰触到藩篱，白白地磨损了我的棱角。不出门庭，大概就不会有什么过错了吧！

再者说："我没有生在夏商周三代的清明盛世啊，却生在了三代末的乱世里。口才好的奸诈之徒恒通于世，而坚贞之士耿直却无法施展才能。我虽然常常反省自己，也仍然处于进退两难的境地。那些奸诈之徒党羽甚众，他们颠倒黑白。看到真实的美好的却说是瞎了眼睛，能言善辩却说是言语迟钝。即使鬼神也无法改正人事的变异与乖戾啊，圣贤之人也不能开启愚昧之徒的违背真实与困惑。想要走出家门却无人同行，怀才不露却又恐怕被人不容。隐退修身养性，自我反省，又无所适从。

回想上古时代的清明与混沌，廉洁之士总是孤独而无处可去。商汤时有卞随和务光呀，周武王时有伯夷和叔齐，卞随和务光隐居于深山大川呀，伯夷、叔齐登上首阳山上采食薇菜。这样的圣人仍然都彷徨呀，整个世人都一起迟钝。像伍子胥和屈原啊，本来就没什么好留恋的。我虽不能和这几个人一样啊，但也想隐居偏远之境，追慕他们的正直节操。

对于我辈而言，先哲遁世之路已经很遥远了，难于实践。君子觉得隐退之后，恐怕没饭可吃。叹息天下都与正道相违背，惆怅没有人和我一起回来。何如回归到平素之职业，不要随着世道轮换转移。虽然装模作样可以获得很多好处，还不如端正身心，回归善良之境。我被迫退隐山林不问政事，哪里是因为我天性狭隘。《同人》和《大有》两个吉卦表明，因谦让而愈有光辉，并发扬光大。在黑暗的世道里要遵循缄默自足的原则，又怎能一味地施展才华而去追求功名显赫呢？假如我与君子肝胆相照，那又何必去计较那些须发末节呢？

## 阅读提示

董仲舒自幼好学，是汉代知名大儒，也是汉代有名的思想家、哲学家、政治家和教育家。他在与汉武帝的对策《天人三策》中，详细阐述了天人感应思想。他认为，"道之大原出于天"，自然、人事都受制于天命，因此反映天命的政治秩序和政治思想都应该是统一的。他还论述了神权与君权的关系等等；他在《春秋繁露》中，以儒家学说为基础，以阴阳五行为框架，兼采"黄老"等诸子百家的思想精华，建立起一个具有神学倾向的新儒学思想体系。

董仲舒的儒家思想维护了汉武帝的集权统治，为当时社会政治和经济的稳定做出了一定的贡献。为官路上，董仲舒屡次遭小人陷害，最终因害怕获罪而辞官归家，从此便一心著述。

《士不遇赋》是董仲舒晚年的作品，体现了作者晚年的真实心境。鲁迅曾评价董仲舒的《士不遇赋》"虽为粹然儒者之言，而牢愁狷狭之意尽矣"。这篇文章开了士人对于政治生活不满而抱怨的先河，是汉赋中的名篇。在这篇赋之后，司马迁作《悲士不遇赋》，陶渊明作《感士不遇赋》，都表达了同样的思想。

## 学问思辨

董仲舒是汉代大儒，你想对他了解更多吗？查阅资料，做详细了解，可参阅《汉书·董仲舒传》。

# 二 今古经学，儒士情怀

## 《毛诗序》节选①

### 《毛诗正义》

《关雎》，后妃之德也，风之始也，所以风天下而正夫妇也。故用之乡人焉②，用之邦国焉③。风，风也，教也，风以动之，教以化之。

诗者，志之所之也，在心为志，发言为诗，情动于中而形于言，言之不足，故嗟叹之，嗟叹之不足，故永歌之，永歌之不足，不知手之舞之足之蹈之也④。

情发于声，声成文谓之音⑤。治世之音安以乐，其政和；乱世之音怨以怒，其政乖；亡国之音哀以思，其民困。故正得失，动天地，感鬼神，莫近于诗。先王以是经夫妇，成孝敬，厚人伦，美教化，移风俗。

故诗有六义焉：一曰风，二曰赋，三曰比，四曰兴，五曰雅，六曰颂⑥。上以风化下，下以风刺上，主文而谲（jué）谏⑦，言之者无罪，闻之者足以戒，故曰风。至于王道衰，礼义废，政教失，国异政，家殊俗，而变风变雅⑧作矣。国史⑨明乎得失之迹，伤人伦之废，哀刑政之苛，吟咏情性，以风其上，达于事变而怀其旧俗也。故变风发乎情，止乎礼义。发乎情，民之性也；止乎礼义，先王之泽也。是以一国之事，系一人之本，谓之风；言天下之事，形四方之风，谓之雅。雅者，正也，言王政之所由废兴也。政有小大，故有小雅焉，有大雅焉。颂者，美盛德之形容，以其成功告于神明者也。是谓四始，《诗》之至也⑩。

然则《关雎》《麟趾》之化，王者之风，故系之周公⑪。南，言化自北而南也。《鹊巢》《驺（zōu）虞》之德，诸侯之风也，先王之所以教，故系之召公⑫。《周南》《召南》，正始之道，王化之基⑬。是以《关雎》乐得淑女以配君子，忧在进贤，不淫其色。哀窈窕，思贤才，而无伤善之心焉。是《关雎》之义也。

### 注释

①选自孔颖达《毛诗正义》，北京大学出版社1999年版。汉代《诗》有鲁、齐、韩、毛四家，前三家为今文经学派，早立于官学，却先后亡佚。赵人毛亨、毛苌传《诗》，为"毛诗"，属古文学派，汉代未立官学，毛诗汉末兴盛，取代三家而独传于世。毛诗第一篇《周南·关雎》小序之下有一段较长的文字，论述诗的性质、作用、体裁、创作方法等，历来称之为"大序"，又称"毛诗序"，即为本篇之出处。　②故用之乡人焉：相传古代一万二千五百家为一乡，"乡人"指百姓。《仪礼·乡饮酒礼》载：乡大夫行乡饮酒礼时以《关雎》合乐。所以《毛诗正义》释"用之乡人"为"令乡大夫以之教其民也"。③用之邦国焉：《仪礼·燕礼》载：诸侯行燕礼饮燕其臣子宾客时，歌乡乐《关雎》《葛覃》等。故《毛诗正义》释为"令天下诸侯以之教其臣也"。　④"情动于中"以下五句：心中有情感后用语言传达出来；意犹未尽，则继之以咨嗟叹息；再有不足，则继之以永歌、手舞足蹈。"永歌"，引声长歌。　⑤声成文谓之音：声，指宫、商、角、徵、羽；文，由五声和合而成的曲调；将五声合成为调，即为"音"。⑥"故诗有六义"七句：风，指《诗经》十五国风。雅是谈王政兴废的正声。颂，指颂诗。赋，指《诗经》的铺陈直叙的表现手法。比，比喻。兴，起兴，有发端之作用，朱熹《诗集传》："兴者，先言他物

以引起所咏之辞也。" ⑦主文而谲谏：合于宫商相应之文，并以婉约的言辞进行劝谏，而不直言君王之过失。 ⑧变风变雅：变，指王道时世由盛变衰。变风，指邶风以下的十三国风。变雅，大雅中《民劳》以后的诗，小雅中《六月》以后的诗。二者虽有个别例外，但变风变雅大多是西周中衰以后的作品。 ⑨国史：王室的史官。《毛诗正义》引郑玄言："国史采众诗时，明其好恶，令瞽蒙歌之。其无作主，皆国史主之，令可歌。" ⑩《诗》之至也：《诗》之义理尽于此。 ⑪"然则《关雎》"三句：《麟趾》，是《国风·周南》的最后诗篇。《毛诗正义》说："《关雎》《麟趾》之化，是王者之风，文王之所以教民也。王者必圣，周公圣人，故系之周公。" ⑫"《鹊巢》《驺虞》"四句：《鹊巢》是《国风·召南》的首篇，《驺虞》是其末篇。《毛诗正义》说："《鹊巢》《驺虞》之德，是诸侯之风，先王、大王、王季所以教化民也。诸侯必贤，召公贤人，故系之召公。" ⑬"《周南》《召南》"三句：《周南》，《国风》的第一部分，共十一篇。《召南》在《周南》之后，共十四篇。《毛诗正义》说："《周南》《召南》二十五篇之诗，皆是正其初始之大道，王业风化之基本也。"

## 译文

《关雎》，是讲后妃美德的，是《诗经》十五国风的开始，是用来教化天下百姓而端正夫妇关系的。所以可以用来教化老百姓，也可以用来教化邦国。风，就是讽喻，就是教化；用讽喻来感动人们、用教育来改变人们。

诗，是人情感之所在，在心里是"志"，发出来说成话成为诗。情感在人心中产生，就会用言语表现出来；如果言语不足以表达感情，就会嗟叹；如果嗟叹不足以表达感情，就会通过吟咏歌唱来表达；如果吟咏歌唱不足以表达感情，就会情不自禁地手舞足蹈。

情感外发成为声音，声音有了曲调，就是音乐。和平盛世的音乐安静而愉悦，它的社会政治也和平；离乱之世的音乐怨恨而愤怒，它所反映的社会政治也乖戾（lì）；失去国家的音乐哀婉而忧思，它反映老百姓生活困苦。所以要端正得失、惊动天地、感动鬼神，没有什么比诗更好了。古代的君王用诗歌来端正夫妻关系，培养孝顺尊敬（老人）的习惯，敦厚人伦关系，淳美教育的风气，改变不良的风俗。

所以诗有六义：一叫"风"，二叫"赋"，三叫"比"，四叫"兴"，五叫"雅"，六叫"颂"。上面的（统治者）用"风"来教化下面的（老百姓），下面的（老百姓）用"风"来怨刺上面的（统治者），用隐蔽的文辞委婉地劝谏，（这样，）说话的人不会得罪，听到的人足以警戒，这就叫作"风"。等到王道衰微，礼义废弛，政教丧失，诸侯国政令不一样，百姓家风俗不同，于是"变风""变雅"就出来了。（采诗的）国家史官明白君主的善恶得失，（诗人）为人伦的废弃而伤怀，为刑罚的苛刻感到悲哀，吟叹歌咏心中的感情，以讽喻在上位者，这是由于世事的变迁和感怀于旧风俗啊。所以"变风"之诗是发之于人的感情，而又合乎礼义的。发乎情感，是百姓本性；合乎礼义，是因为先王的恩泽。所以，一个国家的政事都寄托于一人之心，叫"风"；说天下的政事，表现各地的风俗，叫"雅"。雅，就是正，是说王道政治的兴衰废弛的。政治有大有小，所以有"小雅"和"大雅"。颂，是赞美盛大之德的外形，以人间万物群生的各得其所来告诉神明。（风、小雅、大雅、颂），这些就叫作"四始"，《诗》的义理全都在这里面了。

然而，《关雎》《麟趾》的教化，原是周文王时的"风"，所以记在周公的名下。"南"，是说教化从北向南。《鹊巢》《驺虞》的德行，是诸侯国的"风"，是先王用来教化的，所以就记在召公的名下。《周南》《召南》，是端正开始时的标准，是王道教化的基础。所以，《关雎》的意思是乐意有淑女来配君子，忧虑君子要进举贤德之人，而不要沉迷于美色。哀叹窈窕淑女，思慕贤德之人，这样对善道没有什么妨害，这就是《关雎》的要义。

阅读提示

《诗经》是中国文学史上第一部诗歌总集，收录西周至春秋中叶的诗篇三百零五首，这些诗篇是人类早期思想感情的抒发，在流传的过程中，又兼具稳固社会秩序、推行文化教化和加强政治管理的作用。

汉代传《诗经》有齐、鲁、韩、毛四家：齐、鲁、韩三家《诗经》用汉代通行的隶书书写，故称为今文诗，而毛诗则是用古文书写，故称为古文诗。我们现在所见的《诗经》主要是毛诗。《毛诗》在每首诗题下都有一篇小序，简述诗的主旨、背景、作者等，而在《诗经》的第一篇《周南》中《关雎》的小序之下有一段较长的文字，本文即出于此。关于其作者，历来说法不一，汉代学者郑玄认为是孔子弟子子夏所作。

本篇首先论述了诗歌能以讽喻的方式起到教化的作用，其次讲到诗歌的来源和产生——情动于中而发于外也。诗歌与音乐在教化百姓、端正社会关系方面有共通的作用。继而本篇又解释了"风""雅""颂""变风""变雅"的含义，并提出《诗经》"四始"——"风""小雅""大雅""颂"。《关雎》《麟趾》是《周南》的首末篇，《鹊巢》《驺虞》是《召南》的首末篇。介绍了《周南》和《召南》篇名的来历和其对于王道教化的重要作用——端正标准，王道之基。文末两段还论述了《诗经》六义——风、雅、颂、赋、比、兴——的内涵，显示了当时诗歌理论的高度。

**学问思辨**

《诗经》"风""雅""颂"三部分的内容分别是什么？它们的作用有什么区别？

# 王子比干杀身以成其忠[1]

《韩诗外传》

王子比干杀身以成其忠[2]，尾生杀身以成其信[3]，伯夷叔齐杀身以成其廉[4]，此四子者，皆天下之通士也，岂不爱其身哉？为夫义之不立，名之不显，则士耻之，故杀身以遂其行。由是观之，卑贱贫穷，非士之耻也。夫士之所耻者，天下举忠而士不与焉[5]，举信而士不与焉，举廉而士不与焉。三者存乎身，名传于世，与日月并而不息，天不能杀，地不能生，当桀纣之世，不之能污也[6]。然则非恶生而乐死也，恶富贵好贫贱也，由其理，尊贵及己而仕，不辞也。孔子曰："富而可求也，虽执鞭之士，吾亦为之。如不可求，从吾所好。"故阸（è）穷而不悯[7]，劳辱而不苟[8]，然后能有致也。诗曰："我心匪石，不可转也，我心匪席，不可卷也。"此之谓也。

## 注释

①选自许维通《韩诗外传集释》，中华书局1980年版。　②王子比干杀身以成其忠：比干是商代的王子，就是纣王的亲叔叔。比干幼年聪慧，勤奋好学，20岁就以太师高位辅佐帝乙，又受托孤辅佐帝辛（纣王）。比干从政40多年，主张减轻赋税徭役，鼓励发展农牧业生产，提倡冶炼铸造，富国强兵。商末帝辛暴虐荒淫，横征暴敛，比干叹曰："主过不谏非忠也，畏死不言非勇也，过则谏不用则死，忠之至也。"遂至摘星楼强谏三日不去。纣问何以自恃，比干曰："恃善行仁义所以自恃。"纣怒曰："吾闻圣人心有七窍，信有诸乎？"遂杀比干剖视其心。　③尾生杀身以成其信：《庄子·盗跖（zhí）》记载尾生与女子约定在桥梁下相会，久候女子不到，水涨，抱桥柱而死。　④伯夷叔齐杀身以成其廉：伯夷、叔齐是商末孤竹君的两个儿子。相传其父遗命要立次子叔齐为继承人。孤竹君死后，叔齐让位给伯夷，伯夷不受，叔齐也不愿即位，先后逃到周国。周武王伐纣，二人扣马谏阻。武王灭商后，他们耻食周粟，采薇而食，饿死于首阳山。见《吕氏春秋·诚廉》《史记·伯夷列传》。　⑤天下举忠而士不与焉：天下人都忠贞而士不在其中。举，全，都。与，参加。　⑥不之能污也：不能污染他的名声。　⑦阨穷而不悯：困厄穷迫而不忧愁烦闷。　⑧劳辱而不苟：劳苦之事也不随便完成。

## 译文

王子比干被杀来成就他的忠诚，尾生失掉性命来成就他的诚信，伯夷叔齐饿死来成就他们的廉洁，这四个人，都是天下通达之士，哪里不爱惜自己的性命呢？失掉义、不显名于世，这是士所感到耻辱的事，所以失去性命也要维护他们的忠义之行。由此看来，卑贱低下、志不伸、没有财富，都不是士所感到耻辱的事。士所感到耻辱的事是，天下都忠诚而自己却不能参与其中，都诚信而自己不诚信，都廉洁而自己不廉洁。只要做到忠诚、诚信和廉洁，名声传于后世，和日月同辉，天地都不能灭掉他的英名，即使是在桀纣的时代，也不能污染他的名声。然而不是讨厌生喜欢死，不是讨厌富贵喜欢贫贱，根据这个道理，等到尊贵显赫的地位降临、自己有机会做官的时候，也不推辞。孔子说："如果富贵合乎道，就可以去追求，即使是给人执鞭的下等差事，我也愿意去做。如果富贵不合于道就不去追求，那还做我喜欢的。"所以困厄穷迫却不忧愁，劳苦受辱却不苟且，然后能达到道。《诗经》说"我的心不像石一块，哪能任人去转移。我心不是席一条，哪能打开又卷起。"说的就是这个道理。

**阅读提示**

　　本文作者韩婴，汉文帝时博士。《韩诗外传》是一部杂编集，它由360条轶事、道德说教、伦理规范等不同的内容组成，一般每条先叙事或议论，最终以一两句恰当的《诗经》引文作结论，以支持政事或论辩中的观点。除《诗经》外，《荀子》《老子》《庄子》《孟子》《列子》《韩非子》《吕氏春秋》《晏子春秋》等也都被引用过。不过，总体来看，韩婴说《诗》大多断章取义，触类引伸，引《诗》等经典的实质是借以发挥他的政治思想，而不是述事以明《诗》。在汉代，《韩诗》即以《内传》《外传》著称。

**学问思辨**

在现代社会里，你觉得礼、义、廉、忠、信等这些传统的道义还应该坚持吗？为什么？

王子比干杀身以成其忠 《韩诗外传》

# 《尔雅》①节选

《尔雅》

初、哉、首、基、肇（zhào）、祖、元、胎、俶（chù）、落、权舆，始也②。

如、适、之、嫁、徂（cú）、逝，往也③。

仇、雠（chóu）、敌、妃、知、仪，匹也④。

卬（áng）、吾、台（yí）、予、朕（zhèn）、身、甫、余、言⑤，我也。——《尔雅·释诂》

## 注释

①选自胡奇光、方环海《尔雅译注》，上海古籍出版社2004年版。

②初、哉、首、基、肇、祖、元、胎、俶、落、权舆：初，《说文》"裁衣之始也"。哉，通"才"。《说文》"才，草木之初也"。基，《说文》"墙始筑也"。肇，通"肁"，《说文》"肁，始开也"。俶，邢昺（bǐng）疏：动作之始也。落，邢昺疏：木叶陨坠之始也。权舆，草木初生。 ③如、适、之、嫁、徂、逝：如，《说文》"从随也"。引申为"到……去"。适，往，到。《说文》"适，之也"。之，到，前往。嫁，女子出嫁，引申为往。从此处到彼处。徂，往。《方言》"徂，往也"。徂，齐语也"。《诗经·小雅·小明》"我征徂西，至于艽（qiú）野"。逝，《说文》"往也"。《诗经·魏风·硕鼠》"逝将去女，

适彼乐土"。郑玄笺："逝，往也。"　④仇、雠、敌、妃、知、仪：雠，对答。引申为相当、对等。敌，《方言》"匹也。自关而西秦晋之间物力同者谓之敌"。知，匹配。《诗经·桧风·隰有苌楚》"夭之沃沃，乐子之无知"。郑玄笺："知，匹也。"仪，匹配。《诗经·鄘风·柏舟》"髧（dàn）彼两髦，实维我仪"。毛传："仪，匹也。"　⑤卬、吾、台、予、朕、身、甫、余、言：卬，第一人称代词，我。台，我。《尚书·汤誓》"非台小子"。孔安国传"非我小子"。朕，第一人称代词，相当于"我""我的"。郭璞注："古者贵贱皆自称朕。"秦以后，一般用于皇帝自称。身，自身。郭注，今人亦自呼为身，相当于"我"。甫，《说文》"甫，男子美称也"。言，《诗经》毛传、郑笺常训"言"为我。

## 译文

初（裁衣之始）、哉（草木之始）、首（身体之始）、基（筑墙之始）、肇（开门之始）、祖（人之始）、元（头，人体之始）、胎（生命之始）、俶（动作之始）、落（叶子掉下之始）、权舆（植物生长之始）等词，都有"开始"的意思。

如（随从）、适（往）、之（到……去）、嫁（女子出嫁）、徂（往）、逝（往）等词，都有"往"的意思。

仇（般配）、雠（俦匹）、敌（一样）、妃（匹配）、知（匹配）、仪（匹配）等词，都有"匹配、相当"的意思。

卬（我）、吾（我）、台（我）、予（我）、朕（我，我的）、身（我）、甫（男子美称）、余（我）、言（我）等词，都有"我"的意思。——《尔雅·释诂》

明明、斤斤①，察也。

穆穆、肃肃②，敬也。

晏晏、温温③，柔也。

"如切如磋"④，道学也。"如琢如磨"，
自修也⑤。

暴虎，徒搏也⑥。冯（píng）河，徒涉也⑦。

——《尔雅·释训》

## 注释

①明明、斤斤：明明，明察的样子。《诗经·大雅·常武》"赫赫明明"。毛传："明明然，察也。"斤斤，聪明鉴察。《诗经·周颂·执竞》"斤斤其明"。毛传："斤斤，明察也。" ②穆穆、肃肃：穆穆，庄重肃敬的样子。《诗经·大雅·文王》"穆穆文王，於缉熙敬止"。马瑞辰《毛诗传笺通释》："穆穆为敬貌。"肃肃，恭敬的样子。《诗经·大雅·思齐》"肃肃在庙"。毛传："肃肃，敬也。" ③晏晏、温温：晏晏，柔顺，温和的样子。《诗经·卫风·氓》"言笑晏晏"。毛传："晏晏，和柔也。"温温，柔和的样子。《诗经·小雅·宾之初筵》"宾之初筵，温温其恭"。郑玄笺："温温，柔和也。" ④如切如磋：出自《诗经·卫风·淇奥》。切，刻制骨器；磋，雕刻象牙。 ⑤"如琢如磨"，自修也：琢，雕刻玉器；磨，磨制宝石。郭注："玉石之被雕磨，犹人自修饰。" ⑥暴虎：空手搏虎。 ⑦冯河：徒步涉河。比喻冒险蛮干。《诗经·小雅·小旻》"不敢暴虎，不敢冯河"。毛传："冯，陵也。徒涉曰冯河，徒搏曰暴虎。"

## 译文

明明、斤斤，清楚的样子。

穆穆、肃肃，恭敬的样子。

晏晏（柔顺）、温温（柔和），柔和的样子。

"如切如磋"，说的是商量学问，精益求精。"如琢如磨"，比喻自我修养，日臻完美。

暴虎，是徒手搏斗。冯河，是徒步渡河。——《尔雅·释训》

父为考，母为妣 (bǐ) [①]。

父之考为王父 [②]，父之妣为王母。王父之考为曾 [③] 祖王父，王父之妣为曾祖王母。曾祖王父之考为高祖王父，曾祖王父之妣为高祖王母。

子之子为孙，孙之子为曾孙，曾孙之子为玄孙，玄孙之子为来孙，来孙之子为晜 (kūn) 孙，晜孙之子为仍孙，仍孙之子为云孙。

——《尔雅·释亲》

## 注释

① 父为考，母为妣：考，父亲。《尚书·康诰》"大伤厥考心"。

孔安国传："大伤其父心，是不孝。"后称已死的父亲。《公羊传·隐公元年》"惠公者何？隐之考也"。何休注："生称父，死称考。"妣，母亲。郭璞注："《仓颉篇》曰'考妣延年'。"《尚书·舜典》"百姓如丧考妣"。孔安国传："考妣，父母。"后称死去的父母为考妣。《公羊传·隐公元年》"仲子者何？桓之母也"。何休注："生称母，死称妣。" ②王父：古代对祖父母辈的尊称。郝懿行疏："祖父母而曰王者，王，大也，君也，尊上之称。" ③曾：郭璞注："犹重也。"指中间隔两代的亲属。

**译文**

（现在，已经去世的）父亲称为考，母亲称为妣。

父亲的父亲称为王父，父亲的母亲称为王母。祖父的父亲是曾祖王父，祖父的母亲是曾祖王母。曾祖王父的父亲称为高祖王父，曾祖王父的母亲称为高祖王母。

儿子的儿子称为孙，孙子的儿子称为曾孙，曾孙的儿子称为玄孙，玄孙的儿子称为来孙，来孙的儿子称为晜孙，晜孙的儿子称为仍孙，仍孙的儿子称为云孙。——《尔雅·释亲》

妻之父为外舅，妻之母为外姑①。

妇称夫之父曰舅，称夫之母曰姑。

——《尔雅·释亲》

**注释**

①外舅、外姑：即今天称呼的岳父、岳母。

**译文**

妻子的父亲称为外舅，妻子的母亲称为外姑。

妻子称丈夫的父亲为舅，称丈夫的母亲为姑。

——《尔雅·释亲》

子之妻为妇，长妇为嫡妇，众妇为庶妇。

女子子之夫为婿(xù)，婿之父为姻①，妇之父为婚②。

妇之父母、婿之父母，相谓为婚姻。

——《尔雅·释亲》

**注释**

①姻：《白虎通·嫁娶》"姻者，妇人因夫而成，故曰姻"。指女婿的父亲，泛指由婚姻而结成的亲戚。　②婚：指妻之家。《说文》"婚，妇家也。礼，娶妇以昏时。妇人阴也，故曰婚"。可专指妻之父，泛指因婚姻而结成的夫妻关系。

## 译文

儿子的妻子称为妇。第一个妻子称为嫡妇，其他的妻子称为庶妇。女儿的丈夫称为婿。女婿的父亲称为姻，媳妇的父亲称为婚。媳妇的父母与女婿的父母，相互称为婚姻。——《尔雅·释亲》

一达①谓之道路，二达谓之歧旁②，三达谓之剧③旁，四达谓之衢（qú）④，五达谓之康，六达谓之庄，七达谓之剧骖（cān），八达谓之崇期，九达谓之逵（kuí）。——《尔雅·释宫》

## 注释

①达：通达，达到。　②歧旁：分叉口。　③剧：邢昺疏引孙炎云："旁出歧多故曰剧。"　④衢：四通八达的道路。

## 译文

只有一个方向的路称为道路，有两个方向的路称为歧旁，有三个方向的路称为剧旁，通向四个方向的路称为衢，通往五个方向的路称为康，通往六个方向的路称为庄，通往七个方向的路称为剧骖，通往八个方向的路称为崇期，通往九个方向的路称为逵。——《尔雅·释宫》

木豆谓之豆①，竹豆谓之笾（biān），瓦豆谓之登。

金谓之镂，木谓之刻，骨谓之切，象谓之磋，玉谓之琢，石谓之磨。——《尔雅·释器》

**注释**

①豆：古代一种盛食物的器具。形似高脚盘，或有盖。多用于祭祀。郭璞注："礼器也。"

**译文**

木制的高脚盘称为豆，竹制的高脚盘称为笾，瓦制的高脚盘称为登。

雕刻金属称为镂，雕刻木器称为刻，加工骨器称为切，加工象牙称为磋，加工玉称为琢，加工石头称为磨。——《尔雅·释器》

宫谓之重，商谓之敏，角（jué）谓之经，徵（zhǐ）谓之迭，羽谓之柳①。——《尔雅·释乐》

注释

①宫谓之重，商谓之敏，角谓之经，徵谓之迭，羽谓之柳：宫、商、角、徵、羽，是我国古代五声音阶中的五音。而"重""敏""经""迭""柳"之类，皆为异名。

**译文**

宫称为重，商称为敏，角称为经，徵称为迭，羽称为柳。——《尔雅·释乐》

春为苍天，夏为昊（hào）天，秋为旻（mín）天，冬为上天。

谷不熟为饥，蔬不熟为馑，果不熟为荒，仍①饥为荐。

载，岁也。夏曰岁，商曰祀，周曰年，唐虞曰载。

南风谓之凯风②，东风谓之谷风③，北风谓之凉风④，西风谓之泰风⑤。——《尔雅·释天》

## 注释

①仍：重复，频繁，连年。 ②凯风：南风，和乐之风。《诗经·邶风·凯风》"凯风自南，吹彼棘心"，毛传"南风谓之凯风"。③谷风：东风，生长之风。《诗经·邶风·谷风》"习习谷风，以阴以雨"。 ④凉风：北风。《诗经·邶风·北风》："北风其凉。"凉是寒冷的意思。 ⑤泰风：亦作"大风"。《诗经·大雅·桑柔》"大风有隧"，郑笺"西风谓之大风"。

## 译文

对于天，春季称为苍天，夏季称为昊天，秋季称为旻天，冬季称为上天。

粮食收成不好称为饥，蔬菜收成不好称为馑，果树收成不好称为荒，连年收成不好称为荐。

载，就是岁的意思。夏代称为岁，商代称为祀，周代称为年，唐虞时代称为载。

南风称为凯风，东风称为谷风，北风称为凉风，西风称为泰风。——《尔雅·释天》

两河①间曰冀州，河南曰豫州，河西曰雍州，汉南曰荆州，江南曰扬州，济、河间曰兖（yǎn）州，济东曰徐州，燕曰幽州，齐曰营州：九州。

邑外谓之郊，郊外谓之牧，牧外谓之野，野外谓之林，林外谓之坰（jiǒng）②。

下湿曰隰（xí）③，大野曰平，广平曰原，高平曰陆，大陆曰阜，大阜曰陵，大陵曰阿（ē）。

九夷、八狄、七戎、六蛮④，谓之四海⑤。

——《尔雅·释地》

![注释]

①河：黄河。　②坰：远野，都邑的远郊。《诗经·鲁颂·駉》"在坰之野"，毛传"坰，远野也"。　③隰：低湿之地。　④九夷、八狄、七戎、六蛮：古代对东方、北方、西方、南方各族的泛称。东，夷；北，狄；西，戎；南，蛮。　⑤四海：指中国九州以外四周的海疆。

![译文]

古黄河的东西两段之间称为冀州。黄河以南称为豫州。黄河以西称为雍州。汉水以南称为荆州，长江以南称为扬州，济水与黄河之间称为兖州，济水以东称为徐州，燕国所在地称为幽州，齐国所在地称为营州。这就是九州。

城市外面称为郊，郊外称为牧，牧外称为野，野外称为林，林外称为坰。

低湿之地称为隰，广大之野称为平，广而平之地称为原，高而平之地称为陆，大的陆地称为阜，大土山称为陵，大陵称为阿。

九夷、八狄、七戎、六蛮等四邻各族居住的地方，称为四海。——《尔雅·释地》

河南华，河西岳，河东岱，河北恒，江南衡。

泰山为东岳①，华山为西岳②，霍山为南岳③，恒山为北岳④，嵩高为中岳⑤。

——《尔雅·释山》

**注释**

①泰山：一称岱山、岱宗。在山东中部。 ②华山：在陕西东部。 ③霍山：郭璞以霍山指天柱山（在今安徽西部），而邢昺则认为指衡山。 ④恒山：在河北曲阳西北。 ⑤嵩高：即嵩山，在河南登封市。

**译文**

黄河以南有华山，黄河以西有岳山，黄河以东有泰山，黄河以北有恒山，长江以南有衡山（这就是五岳）。

泰山称东岳，华山称西岳，霍山称南岳，恒山称北岳，嵩山称中岳。——《尔雅·释山》

荷，芙渠。其茎茄（jiā），其叶蕸（xiá），其本蔤（mì），其华菡（hàn）萏（dàn），其实莲，其根藕，其中的（dì），的中薏（yì）。

木谓之华，草谓之荣。荣而实者谓之秀，荣而不实者谓之英。——《尔雅·释草》

### 译文

荷又称为芙蕖，它的茎干称为茄，它的叶子称为蕸，它的水下茎干称为蔤，它的花称为菡萏，它的果实称为莲，它的根称为藕，莲子称为的，莲子心称为薏。

树木的花称为华，百草的花称为荣。开花并且结果的称为秀，开花不结果的称为英。——《尔雅·释草》

二足而羽谓之禽，四足而毛谓之兽。

——《尔雅·释鸟》

### 译文

两只脚而且有羽毛的动物称为禽，四只脚而且有皮毛的动物称为兽。——《尔雅·释鸟》

《尔雅》其名："尔"是"近"的意思，"雅"是"正"的意思，"尔雅"的意思是接近、符合雅言，即以普通话去解释从前代保留下来的古语词和方言词，有沟通雅言、方言和古语之作用。《尔雅》是我国第一部类义词词典，全书收词语4300多个，分为2091个条目，这些条目又按照词语意义类别分为19篇："释诂""释言""释训""释亲""释宫""释器""释乐（yuè）""释天""释地""释丘""释山""释水""释草""释木""释虫""释鱼""释鸟""释兽""释畜（chù）"。

根据内容，这19篇可以分为六类：

一、专门解释字义词义的，包括实词、虚词、联绵词等，有《释诂》《释言》《释训》。"释诂"是解释古代的词，它把古已有之的若干个词类聚在一起，作为被训释词，用一个当时通行的词去解释它们。"释言"是以字作为解释对象，被训释词大多只有一两个。"释训"专门解释描写事物情貌的叠音词或联绵词；

二、有关人事、和生活相关的名称，为《释亲》《释宫》《释器》《释乐（yuè）》。《释亲》解释亲属称谓，理顺人伦关系；《释宫》解释房屋宫殿及其构成部分的名称；《释器》解释衣食及日常所用器物；《释乐》解释音律及乐器；

三、有关天文的，《释天》。主要解释四时、年岁、风雨和

《尔雅》节选 《尔雅》

星宿名称等；

四、有关地理的，《释地》《释丘》《释山》《释水》。《释地》解释五方、四极、九州等名称；《释丘》解释古人对不同特点的丘陵的命名；《释山》解释古人对不同特点的山的命名；《释水》解释不同类型的河流名称和与水相关的概念等；

五、有关动物的，《释鸟》《释兽》《释畜》《释虫》《释鱼》。他们分别解释典籍中及百姓日常生活中常见的各类鸟兽虫鱼和牲畜；

六、有关植物的，《释草》《释木》。

选文尽量全面地展现《尔雅》19篇的内容特点，除《释言》《释丘》《释水》等少数几篇外，其余均有摘选，我们可以从中一窥《尔雅》之全貌。

## 学问思辨

如果有兴趣，请找来《尔雅》看看我国第一部具有百科全书性质的分类词典是怎样编写的。

# 《说文解字叙》节选①

## 许　慎

古者庖牺氏之王天下②也，仰则观象于天，俯则观法于地，视鸟兽之文③与地之宜，近取诸身，远取诸物，于是始作《易》八卦，以垂宪象。及神农氏结绳为治，而统其事，庶业其繁，饰伪萌生。黄帝之史仓颉（jié），见鸟兽蹏远（háng）之迹④，知分理之可相别异也，初造书契。百工以义，万品以察，盖取诸夬（guài）；夬，扬于王庭。言文者宣教明化于王者朝廷，君子所以施禄及下，居德则忌也。

仓颉之初作书，盖依类象形，故谓之文。其后形声相益，即谓之字。文者，物象之本；字者，言孳乳而浸多也。著于竹帛谓之书，书者如也。以迄五帝三王之世，改易殊体。封于泰山者七十有二代，靡⑤有同焉。

《周礼》：八岁入小学，保氏教国子，先以六书：一曰指事。指事者，视而可识，察而见意，上下是也。二曰象形，象形者，画成其物，随体诘（jí）诎⑥，日月是也。三曰形声。形声者，以事为名，取譬相成，江河是也。四曰会意。会意者，比类合谊，以见指㧑（huī）⑦，武信是也。五曰转注。转注者，建类一首，同意相受，考老是也。六曰假借。假借者，本无其字，依声托事⑧，令长是也。

## 注释

①选自段玉裁《说文解字注》，上海古籍出版社1981年版。　②庖牺氏之王天下：伏羲氏称王天下。　③文：纹路。　④鸟兽蹄远之迹：鸟兽蹄爪的痕迹。　⑤靡：不，没有。　⑥随体诘诎：随着事物的形状而曲折。　⑦比类合谊，以见指㧑：把两类事物合在一起，以指向所表示的意思。　⑧本无其字，依声托事：本来没有这个字，利用声音相同相近的字来表达这个意思。

## 译文

以前，伏羲氏天下称王的时候，（他）仰观天象，俯察地理，仔细观察鸟兽的足迹和大地的脉络，近的从自己身上取得灵感，远的取自别的东西，在这个基础上，才创作了《易》和八卦，用卦象示人吉凶。到了神农氏的时代，使用结绳记事的办法治理社会，管理当时的事务，社会上的行业日益繁多，掩饰伪造的事也产生了。（到了黄帝的时代，）黄帝的史官仓颉看到鸟兽的足迹，悟出纹理不同可以表示不同的意思，因而开始创造文字。之后，"百业有定，万类具明，（仓颉造字的本意）大概取意于《夬卦》"。《夬卦》说，为臣者当辅佐君王，使王政顺利推行。这就是说，仓颉创造文字，宣扬教令，阐明教化，有助于君王之政。君王用它向百姓施予恩泽，可也不敢居功自傲，并以此为忌。

仓颉刚刚开始创制文字，是按照物体形状画出形体，所以叫作"文"，随后又造出合体的会意字、形声字，这些文字就叫作"字"。"文"，是物体本来的样子；"字"，是说它从"文"孳生而来，文字的数量就越来越多了。把文字写在竹简、丝帛上，叫作"书"。"书"，写事像其事。（文字）经历了"五帝""三王"，有的改动了笔画，有的有了不同的字形。所以在泰山封禅的七十二代君主，（他们留下的石刻）字体各不相同。

按照《周礼》：士族子弟八岁入小学，学官教育他们，先教"六书"：第一叫指事，指事的含义是，字形看起来知道，考察后知道它所体现的字义，上下二字即属此例。第二叫象形，象形的含义是，画出那个物体，字的曲折同物体的曲折一样，日月二字即属此例。第三叫形声，形声的含义是，按照事物的性质，挑选声符和义符组合成文字，江河二字即属此例。第四叫会意，会意的含义是，排列意义相关的字素，构成文字，两个字素的意义合在一起，可以得知新字的字义，武信二字即属此例。第五叫转注，转注的含义是，立一字为头，类属字对字头字的形音义有所承袭，考老二字即属此例。第六叫假借，假借的含义是，本来没有为某事物造字，而找一个同音字代表这个事物，令长二字即属此例。

《说文解字》是我国第一部系统分析汉字形体和造字规律的字典。它将9353个汉字归入540个部首中，540部又据形系联归并为十四大类，是谓十四篇，卷末叙目别为一篇，全书共有十五篇。《说文解字叙》在十四篇之后。大致包括以下内容：周代以前文字的源流，周代到秦文字的演变，汉以后文字的概况及其研究，后汉尊崇隶书反对古文的错误，说明作书的态度、意义和体例。这篇叙，既是对《说文》提纲挈领的介绍，也对书法、传统文字学的研究有着重要的意义和价值。

本篇所选的内容主要是汉字的源起——仓颉造字和汉字"六书"：指事、象形、形声、会意、转注、假借。仓颉造字是领悟到鸟兽之足迹互相区别，这样可以传递给人们不同的信息，那么我们可以创制形体不同的字符来表达不同的信息，而这正是符号最本质的特点之一：互相区别。自此，文字在文化教化、社会管理、政令实施等方面都起到了很大的作用。"文"是独体字，"字"是合体而产生的孳乳字，文字在流传过程中也会产生笔画或形体的变化，产生异体字。关于"六书"中的"假借字"，序中解释说"本无其字，依声托事"，这是本无其字的假借。令，本义是指"命令"的会意字，假借用来表示"县令"的"令"。长，本义是指"年纪大"的象形字，假借用于"长官"的"长"。我们还可以再举两例，如"莫"本义是"日落草间"，表示日暮时分，但是后来"莫"被借用来表示否定词"没有谁""没有什么"，所以日暮时分之义就另造"暮"字。"其"本义是簸箕，但后来"其"借为代词和语气词，故又造"箕"字。但是，还有一类假借字，本有其字，但仍借用音同音近之字，这叫本有其字的假借。举例如"信"借用来表"伸"、"拒"写成"距"、背叛的"叛"写成"畔"等，我们日常在文言文阅读注释中见到的"某，通某"都是这类假借，又叫通假。

《说文解字叙》节选　许慎

## 学问思辨

选文部分包含了目前关于汉字起源的几种说法，你能找出来并总结一下吗？

## 《汉书·艺文志》总序①

《汉书》

　　昔仲尼没（mò）而微言绝②，七十子丧而大义乖③。故《春秋》分为五④，《诗》分为四⑤，《易》有数家之传⑥。战国从（zòng）衡⑦，直伪分争⑧，诸子之言纷然殽（xiáo）乱⑨。至秦患⑩之，乃燔（fán）⑪灭文章，以愚黔（qián）首⑫。

　　汉兴，改秦之败⑬，大收篇籍，广开献书之路。迄孝武世⑭，书缺简脱⑮，礼坏乐崩，圣上喟（kuì）然而称曰"朕甚闵焉⑯！"于是建藏书之策⑰，置写书之官，下及诸子传说，皆充秘府⑱。成帝⑲时，以书颇散亡，使谒者⑳陈农求遗书于天下。诏光禄大夫刘向校经传诸子诗赋㉑，步兵校尉㉒任宏校兵书，太史令尹咸校数术㉓，侍医李柱国校方技。每一书已，向辄条㉔其篇目，撮其旨意㉕，录而奏之。会㉖向卒，哀帝复使向子侍中奉车都尉歆卒父业㉗。歆于是总群书而奏其《七略》㉘，故有《辑略》，有《六艺略》，有《诸子略》，有《诗赋略》，有《兵书略》，有《术数略》，有《方技略》。今删其要，以备篇籍。

## 注释

①选自陈国庆《汉书艺文志注释汇编》，中华书局1983年版。②没：通"殁"，死亡。微言：含义精深的言论。　③七十子：指孔子门下才德出众的一部分学生。七十系举其成数。大义：指有关六经的要义。乖：背离。　④《春秋》分为五：指注解《春秋》的有左丘明、公羊高、穀梁赤、邹氏、夹氏五家。　⑤《诗》分为四：指诠释《诗经》的鲁人毛亨、齐人辕固生、鲁人申培、燕人韩婴四家。今存毛氏一家，世称《毛诗》。　⑥《易》有数家之传：传注《易经》的有施仇、孟喜、梁丘贺等数家。今均佚。　⑦从衡：指战国时代七国之间纵横错杂的政治形势。从，通"纵"，合纵。衡，通"横"，连横。⑧直伪分争：真假言论分庭抗礼。直，同"真"。　⑨诸子之言：指先秦的各派学者学说。纷然：众多的样子。殽乱：混乱。　⑩患：忧虑。⑪燔：焚烧。　⑫愚黔首：使老百姓愚钝不悟。黔首，秦代对百姓的称谓。秦始皇时平民以黑巾裹头，故名。　⑬败：弊。指秦始皇焚书等弊政。　⑭迄：到。孝武：汉武帝刘彻。公元前156—前87年在位。⑮书缺简脱：文字残缺，书简脱落。　⑯朕：帝王自称。闵：忧虑，担心。　⑰建：公布。策：古代帝王发布教令的文书。　⑱秘府：古代宫廷内部收藏秘籍之处。　⑲成帝：汉成帝刘骜，公元前51—前7年在位。　⑳谒者：秦汉官名，主管接待宾客事宜。　㉑诏：皇帝

下令。光禄大夫：秦汉官名，担任顾问应对等事。经传：指经书和诠释经书的书籍。　㉒步兵校尉：汉代武官官名，管辖宫城卫队。　㉓数术：此指天文、历法、占卜等方面的书籍。　㉔条：分条列举。用如动词。　㉕撮：汇总。旨意：意向，要旨。　㉖会：正好，恰巧。　㉗侍中奉车都尉：汉代官名，皇帝的近侍。卒：完成。　㉘七略：刘歆所著，为我国最早的图书分类目录书。内容分：辑略（诸书的总要）、六艺略（经学、史学类）、诸子略（诸子百家类）、诗赋略（诗歌辞赋类）、兵书略（军事类）、术数略（天文、历法和占卜类）及方技略（医药卫生类）。原书已佚，其内容保存在班固的《汉书·艺文志》中。

## 译文

以前孔子逝去以后，微言大义的言论就无人传授了；七十二弟子去世以后，对儒经大义的解释就有了不同意见了。所以《春秋》分成了五个学派，《诗经》分成了四个学派，《易经》有了好几家的传注。战国时期，各诸侯国的政治军事斗争错综复杂，学术上真伪辩争，诸子百家的思想众多又混乱。到了秦朝，统治者担心这个局面，就焚毁经典，使百姓变得愚昧无知。

汉朝兴起，改革了秦朝的破败之政，大量收集图书，广泛开辟了献书的途径。到了汉武帝时期，书籍中文字残缺、竹简脱落，礼乐制度衰败、废弛。皇上感慨地说道："朕对此非常忧虑啊！"于是建立了藏书的机构，设置了抄书的官员，一直到诸子百家的传注与著述，全都收藏到了秘府之中。汉成帝的时候，见书籍严重失散、丢失，派谒者陈农向天下搜求留存下来的书籍，命令光禄大夫刘向校订儒经、传注、诸子之书和诗歌、词赋，命令步兵校尉任宏校订兵书，命令太史令尹咸校订数术之书，命令侍医李柱国校订方技之书。每一部书校订完毕，刘向就分别列出它的篇名，总结它的主要内容，抄录下来然后呈报给皇上。（工作即将完毕之际）适逢刘向去世了，哀帝就又让刘向的儿子——侍中奉车都尉刘歆——继续完成他父亲未竟的事业。刘歆于是总括了（整理完毕的）全部书籍的内容，然后向皇帝呈报了他的《七略》，包括《辑略》《六艺略》《诸子略》《诗赋略》《兵书略》《术数略》《方技略》。现在选取其中的主要内容，来完善图书的记载。

**阅读提示**

　　《〈汉书·艺文志〉总序》是一篇文献学方面的文章。这篇序言，首先讨论了春秋战国到秦代文献典籍的发展状况：春秋战国时期思想争鸣，百花齐放，每一种经典都有各种流派。到了秦代，统治者焚书坑儒，实施愚民政策导致文化的匮乏。第二段重点论述了汉代之后统治者对经典的重视和一些经典整理的成果。

　　作为纪传体史书，《汉书》在人物传记的后面附上了《艺文志》，专论当代的书籍，对文献整理很有好处，因此后代史书一直效仿此法，列《艺文志》一篇，《隋书》改为《经籍志》。

　　同是治理天下，有的统治者启蒙群众，以实现文化昌明、百姓安定的盛世；有的统治者却害怕百姓文明程度太高不利于统治，你怎么看待这两种治理天下的思想？

# 三　武以安国，文以定邦

## 《淮阴侯列传》节选①
### 《史记》

　　信与张耳以兵数万，欲东下井陉（xíng）击赵。赵王、成安君陈余闻汉且袭之也，聚兵井陉口，号称二十万。广武君李左车说成安君曰："闻汉将韩信涉②西河，虏魏王，禽夏说，新喋血③阏（è）与（yù），今乃辅以张耳，议欲下赵，此乘胜而去国远斗，其锋不可当。臣闻千里馈粮，士有饥色，樵苏后爨（cuàn）④，师不宿饱。今井陉之道，车不得方轨，骑不得成列，行数百里，其势粮食必在其后。愿足下假⑤臣奇兵三万人，从间道绝其辎（zī）重⑥；足下深沟高垒⑦，坚营勿与战。彼前不得斗，退不得还，吾奇兵绝其后，使野无所掠，不至十日，而两将之头可致于戏下。愿君留意臣之计。否，必为二子所禽矣。"成安君，儒者也，常称义兵不用诈谋奇计，曰："吾闻兵法十则围之，倍则战⑧。今韩信兵号数万，其实不过数千。能千里而袭我，亦已罢(pí)⑨极。今如此避而不击，后有大者，何以加之！则诸侯谓吾怯，而轻来伐我。"不听广武君策，广武君策不用。

韩信使人间(jiàn)视⑩，知其不用，还报，则大喜，乃敢引兵遂下。未至井陉口三十里，止舍。夜半传发，选轻骑二千人，人持一赤帜，从间道萆(bì)⑪山而望赵军，诫曰："赵见我走，必空壁⑫逐我，若疾入赵壁，拔赵帜，立汉赤帜。"令其裨(pí)将⑬传飧(sūn)，曰："今日破赵会食！"诸将皆莫信，详(yáng)⑭应曰："诺。"谓军吏曰："赵已先据便地为壁，且彼未见吾大将旗鼓⑮，未肯击前行，恐吾至阻险而还。"信乃使万人先行，出，背水陈（zhèn）。赵军望见而大笑。平旦<sup>⑯</sup>，信建大将之旗鼓，鼓行出井陉口，赵开壁击之，大战良久。于是信、张耳详弃鼓旗，走水上军。水上军开入之，复疾战<sup>⑰</sup>。赵果空壁争汉鼓旗，逐韩信、张耳。韩信、张耳已入水上军，军皆殊死战，不可败。信所出奇兵二千骑，共候赵空壁逐利<sup>⑱</sup>，则驰入赵壁，皆拔赵旗，立汉赤帜二千。赵军已不胜，不能得信等，欲还归壁，壁皆汉赤帜，而大惊，以为汉皆已得赵王将矣，兵遂乱，遁（dùn）走<sup>⑲</sup>，赵将虽斩之，不能禁也。于是汉兵夹击，大破虏赵军，斩成安君泜（chí）水上，禽赵王歇。

注释

①选自司马迁《史记》，中华书局1959年版。　②涉：渡。　③喋血：形容激战而流血很多。　④樵苏后爨，师不宿饱：临时打柴割草，烧火做饭，士兵们很难安饱。樵，砍柴。苏，割草。爨，烧火做饭。　⑤假：借。　⑥间道：隐蔽小道。辎重：军需物资，此指粮草。　⑦深沟高垒：深挖战壕，加高营垒。　⑧兵法十则围之，倍则

战：语出《孙子·谋攻》："故用兵之法，十则围之……倍则分之。"意思是说兵力十倍于敌人，就可以包围它，一倍于敌人，就可以和他对阵。 ⑨罢：通"疲"。 ⑩间视：暗中探听，窥伺。 ⑪草：通"蔽"，隐蔽。 ⑫空壁：全军离营。 ⑬裨将：偏将，副将。 ⑭详：通"佯"，假装。 ⑮大将旗鼓：主将的旗帜和仪仗。 ⑯平旦：天刚亮。 ⑰复疾战：此三字疑多出。 ⑱逐利：追夺战利品。 ⑲遁走：潜逃。

## 译文

韩信和张耳率领数万人马，想要向东而下，突破井陉口，攻击赵国。赵王、成安君陈余听说汉军将要袭击他们，在井陉口聚集兵力，传出去说二十万。广武君李左车游说成安君说："听说汉将韩信渡过西河，俘虏魏豹，生擒夏说，刚刚血洗阏与，现在有张耳的辅助，计划想要夺取赵国。这是乘着胜利的锐气，离开本国远征战斗，他们的锋芒不可阻挡。我听说，跨越千里运送粮饷，士兵们就会面带饥色，临时砍柴割草烧火做饭，军队不能吃饱。眼下井陉这条路，两辆战车不能并行，骑兵不能排成队列，行进的军队数百里，运粮食的队伍一定会落到后边。希望您拨给我奇兵三万人，从小路拦截他们的粮草，您就深挖战壕，高筑营垒，坚守军营，不与对方交战。他们向前一步吧，无法战斗，向后吧，无法退却，我带领奇兵截断他们的后路，使他们在荒野什么也抢掠不到，不到十天，两个将军的人头就可送到您的帐下。希望您仔细考虑臣的计策。不然，一定会被他二人擒拿。"成安君，信奉儒家学说，经常宣称正义的军队不使用阴谋诡计，说："我听说兵书上讲，兵力是敌人的十倍，就可以包围它，超过敌人一倍就可以交战。现在韩信的军队号称几万,实际上不过几千。竟然跋涉千里来袭击我们,已经疲惫至极。如今像这样回避不打仗,如果有强大的后续部队到来,又怎么对付他呢?那时候,(恐怕)诸侯们会认为我胆小,就会轻易地来攻打我们。"于是,(成安君)不采纳广武君的计策。

韩信派人暗中打探,了解到广武君的计谋没有被采纳,(探子)回来报告,韩信非常高兴,然后才敢领兵进入井陉狭道。在离井陉口还有三十里的地方,停下来宿营。半夜传令出发,挑选了两千名轻装骑兵,每人拿一面红旗,从小路上山,隐蔽在山上观察赵国军队。韩信告诫说:"赵军看见我军败逃,一定会倾巢出动而追赶我们,你们快速冲进赵军的营垒,拔掉赵军的旗帜,竖起汉军的红旗。"又让副手传达开饭的命令。说:"今天打垮了赵军正式会餐!"一众将领们都不相信,假装回答说:"好。"(韩信)对手下军官说:"赵军已先占据了有利地形筑造了营垒,他们看不到我们的旗帜、仪仗,就不肯攻击我军的先头部队,怕我们到了险要的地方就退回去。"韩信就派出万人先行,出了井陉口,背靠河水摆开阵势。赵军远远望见,就大笑。天刚亮,韩信竖起大将的旗帜和仪仗,打鼓前行,开出井陉口。赵军打开营垒攻击汉军,激战了很长时间。这时,韩信、张耳假装抛旗弃鼓,逃回河边的阵地。河边阵地的部队打开门放他们进去。又与赵军激战。赵军果然倾巢出动,争夺汉军的旗鼓,追逐韩信、张耳。韩信、张耳已进入河边的阵地了。全军殊死奋战,赵军无法把他们打败。韩信预先派出去的两千轻骑兵,等候赵军倾巢出动去追逐战利品的时候,就火速冲进赵军营垒,全部拔掉赵军的旗帜,竖起汉军的两千面红旗。这时,赵军已不能取胜,又不能俘获韩信等人,想要回到营垒，营垒竖满了汉军的红旗，（他们）大为震惊，以为汉军已经全部俘获了赵王的将领，于是军队大乱，纷纷逃跑，赵将即使斩杀逃兵，也不能禁止。于是汉兵前后夹击，大破赵军，俘虏了很多士兵，在泜河岸边斩杀了成安君，生擒了赵王歇。

## 阅读提示

韩信破赵之战是《史记》中写得最精彩的部分之一。文章在开头先写了赵国面临的严峻局面：韩信和张耳乘胜率领二十万军队兵临城下。面对这种形式，赵国上下忧心如焚。广武君是一个非常有战略眼光的人。他认为对手千里奔袭，应该避其锋芒，以守为主。成安君不听劝告，没有接受广武君的计策。赵国命运将会如何呢？这是一个悬念。

接下来故事进一步发展。韩信得到情报，知道广武君的计策未被采纳，便设计攻城。一方面，背水摆阵麻痹敌人；另一方面派轻锐骑兵两千持汉朝红色旗帜伺机拔掉赵国旗帜，迷乱敌人视听。赵军果然中计，追至水边的军营，汉军无退路，只得殊死决战。赵军无心恋战想要回城，却发现城中已然易帜，军心大乱。最终赵军一败涂地，韩信名声大噪。

文章情节紧凑，人物个性鲜明，战术之巧妙让人叹服。

韩信是个非常有军事才能的人，读《史记·淮阴侯列传》，你能找出"多多益善"这个成语故事的出处吗？你还能找到其他更多的成语故事的来源吗？

《淮阴侯列传》节选 《史记》

# 《霍光金日磾传》节选①

## 《汉书》

霍光字子孟，票骑将军去病弟也②。父中孺（rú），河东平阳③人也，以县吏给事平阳侯家，与侍者卫少儿私通而生去病。中孺吏毕归家，娶妇生光，因绝不相闻。久之，少儿女弟子夫④得幸于武帝，立为皇后，去病以皇后姊子贵幸。既壮大，乃自知父为霍中孺，未及求问。会为票骑将军击匈奴，道出河东，河东太守郊迎，负弩矢先驱，至平阳传舍⑤，遣吏迎霍中孺。中孺趋入拜谒，将军迎拜，因跪曰："去病不早自知为大人遗体也。"中孺扶（pú）服⑥叩头，曰："老臣得托命将军，此天力也。"去病大为中孺买田宅奴婢而去。还，复过焉，乃将光西至长安，时年十余岁，任光为郎⑦，稍迁诸曹侍中⑧。去病死后，光为奉车都尉、光禄大夫⑨，出则奉车，入侍左右，出入禁闼二十余年，小心谨慎，未尝有过，甚见亲信。

征和二年<sup>⑩</sup>，卫太子为江充所败<sup>⑪</sup>，而燕王旦、广陵王胥<sup>⑫</sup>皆多过失。是时上年老，宠姬钩弋赵倢伃有男<sup>⑬</sup>，上心欲以为嗣，命大臣辅之。察群臣唯光任大重，可属社稷<sup>⑭</sup>。上乃使黄门画者画周公负成王朝诸侯以赐光<sup>⑮</sup>。后元二年<sup>⑯</sup>春，上游五柞（zuò）宫<sup>⑰</sup>，病笃，光涕泣问曰："如有不讳<sup>⑱</sup>，谁当嗣者？"上曰："君未谕前画意邪？立少子，君行周公之事。"光顿首让曰："臣不如金日磾。"日磾亦曰："臣外国人，不如光。"上以光为大司马大将军，日磾为车骑将军<sup>⑲</sup>，及太仆上官桀为左将军<sup>⑳</sup>，搜粟都尉桑弘羊为御史大夫<sup>㉑</sup>，皆拜卧内床下，受遗诏辅少主。明日，武帝崩，太子袭尊号，是为孝昭皇帝。帝年八岁，政事一决于光。

①选自班固《汉书》（修订本），中华书局1962年版。　②票骑将军：汉代将军名号，品秩同大将军，为霍去病而始置。去病：霍去病（前140—前117），西汉名将，与卫青齐名。六次出击匈奴，打开通往西域的通道，解除了匈奴对汉王朝的威胁。　③河东平阳：河东郡平阳县，当今山西临汾西南。　④子夫：卫子夫（？—前91），本是平阳公主家的歌女，侍宴时被汉武帝看中，入官，生刘据，立为皇后。其弟卫青官至大司马大将军。后因戾太子事为武帝所废，自杀。⑤传舍：古代的旅舍。　⑥扶服：同"匍匐"，伏地而行。　⑦郎：帝王侍从官，帝王出则卫护陪从，入则备顾问或差遣。　⑧诸曹：各分科办事的官署。侍中：汉代自列侯以下至郎中的加官，侍从皇帝左右以应杂事，出入官廷。　⑨奉车都尉：为天子掌管乘舆的武官。光禄大夫：属光禄勋，掌顾问应对。　⑩征和二年：公元前91年。征和，汉武帝年号。　⑪卫太子：卫皇后所生，名刘据（前128—前91），谥戾太子。武帝末年为江充所诬，举兵诛江充，兵败自杀。江充：武帝末任直指绣衣使者。武帝晚年常怀疑左右用蛊道祝诅，派江充至太子宫掘地得桐木人，太子遭诬，趁武帝避暑甘泉官，告令百官言江充反，遂斩充。太子自杀后，武帝渐明真相，令车千秋复查太子冤，族灭江充家。　⑫燕王旦、广陵王胥：指武帝第三子燕刺王刘旦和武帝第四子广陵王刘胥。　⑬钩弋：汉官名，赵婕妤所居。赵婕妤：河间（治所在今河北献县东南）人，病六年后两手拳曲，武帝巡狩过河间，披女手，手指即时伸直，由是得幸，入官为婕妤。婕妤，嫔妃称号，汉武帝始置，次于皇后、昭仪，位第三。男：即汉昭帝刘弗陵，小名钩弋子，五六岁即壮大多知，汉武帝奇而爱之。　⑭社稷：土神和谷神。指国家。　⑮黄门：宫中官署名，职以百物供天子，故也有画工。画周公负成王：周武王死后，子成王立，年少，由武王弟周公

旦辅政，"画周公负成王"，即以图画形式表达周公辅少主政的内容。负成王，把成王抱在怀中。　⑯后元二年：公元前87年。后元，汉武帝年号。　⑰五柞宫：汉武帝所造离宫，在扶风周至（今陕西周至东南），有五棵三人合抱的柞树，故名。　⑱不讳："死"的婉辞。　⑲日碑：金日碑（前134—前86），本匈奴休屠王太子，武帝时从昆邪王归汉，任侍中。武帝临终，遗诏封为秺（dù）侯。车骑将军：汉代将军名号，文帝时始置，品秩同卫将军及左右前后将军，位次上卿。　⑳太仆：掌舆马的官。上官桀（？—前80）：武帝时任骑都尉，武帝临终托少主任为左将军，遗诏封安阳侯，孙女为昭帝皇后。元凤元年（前80）因谋反被诛。　㉑桑弘羊（前152—前80）：西汉洛阳（今河南洛阳东）人，武帝时制订、推行盐铁酒类的官营政策，抑止富商巨贾的势力。元凤元年（前80）与上官桀串通谋反被杀。御史大夫：掌监察、执法、文书图籍。秦汉时与丞相（大司徒）、太尉（大司马）合称三公，后改称大司空。

## 译文

霍光字子孟，是骠骑将军霍去病的弟弟。父亲霍中孺，是河东平阳人，以县吏的身份在平阳侯家做事，和侍女卫少儿私通，生下了霍去病。霍中孺做完官回到老家，娶妻生下霍光，就此（霍去病与父亲霍中孺）音讯隔绝，互相不知道对方的消息。过了很久，卫少儿的妹妹卫子夫受到汉武帝的宠幸，被（汉武帝）立为皇后，霍去病因为是皇后姐姐的儿子而尊贵得宠。等到他长大以后，才知道自己的父亲是霍中孺，还没有顾得上探求寻问。正好担任骠骑将军出击匈奴，路过河东，河东太守在郊外迎接他，他背着弓箭驱车先走，到平阳旅舍，派人迎接霍中孺。霍中孺快步进入拜见他，将军也下拜迎候，跪着说："去病没能早知道是父亲大人您给了我身体。"霍中孺伏在地上叩头，说："老臣能够把生命寄托在将军您身上，这是上天的力量啊。"霍去病为霍中孺购置了大量的土地、房屋、奴婢而离开了。回来的时候，又经过那里，就带着霍光向西行，到了长安，当时霍光才十几岁，就任他作郎官，没多久又升迁为诸曹侍中。霍去病死后，霍光曾担任奉车都尉、光禄大夫，（武帝）出行他就照管车马，回宫就在身边侍奉，出入宫门二十多年，小心谨慎，不曾有过什么过错，很受武帝亲近和信任。

征和二年（前91），太子被江充所诬，当时，燕王刘旦、广陵王刘胥又都有很多过失。这时武帝已老，他的宠妃钩弋宫的赵婕妤有个儿子，武帝想让他继位，命令大臣辅佐他。（武帝）觉得众臣，只有霍光能担此重任，可以托付国家大事。武帝就让黄门画工画了一幅周公抱着成王接受诸侯朝见的画，赐给霍光。后元二年（前87）春天，武帝出游五柞宫，得了重病，霍光流泪抽泣着问道："如果有了意外，让谁继承皇位？"武帝说："你不明白上次（我赐给你的）图画的意思吗？立小儿子，你担当周公的职务。"霍光磕头辞让说："我不如金日磾。"金日磾也说："我是别的国家的人，不如霍光。"武帝让霍光担任大司马大将军，金日磾担任车骑将军，加上太仆上官桀担任左将军，搜粟都尉桑弘羊担任御史大夫。大家都拜伏在卧室内的床下，接受遗诏辅佐年幼的君主。第二天，武帝驾崩，太子继位，就是孝昭皇帝。昭帝时年八岁，国家大事全由霍光决断。

选文主要介绍了霍光的身世和仕途经历。由于霍去病的发迹，霍中孺父子才走到了政治舞台的中央。霍去病去世之后，霍光由于老成持重，在仕途上平步青云。后来各派政治斗争复杂，各路大臣都无法得到武帝信任。只有平时谨慎持重的霍光得到了武帝的器重。

　　武帝病重之后，托孤于霍光，使之代行周公之责。作为历史上著名的重臣，霍光在汉代历史上确实起到了重要的作用。

**学问思辨**

　　这篇文章只是《汉书·霍光金日磾传》的一小部分。请你借助工具书，阅读这篇传记的全文，把霍光和金日磾的故事讲给你的家人和朋友听。

《霍光金日磾传》节选　《汉书》

# 《范滂传》节选①

《后汉书》

范滂字孟博，汝南征羌②人也。少厉③清节，为州里所服④，举孝廉，光禄四行⑤。时冀州⑥饥荒，盗贼群起，乃以滂为清诏使⑦，案察⑧之。滂登车揽辔⑨，慨然⑩有澄清天下之志。及至州⑪境，守令自知臧污⑫，望风解印绶⑬去。其所举奏，莫不厌塞众议⑭。

迁光禄勋主事⑮。时陈蕃⑯为光禄勋，滂执公仪诣蕃，蕃不止之，滂怀恨，投版弃官而去⑰。郭林宗闻而让蕃⑱曰："若范孟博者，岂宜以公礼格⑲之？今成其去就⑳之名，得无自取不优之议邪㉑？"蕃乃谢㉒焉。

复为太尉黄琼所辟㉓。后诏三府掾（yuàn）属举谣言㉔，滂奏刺史、二千石权豪之党㉕二十余人。尚书责滂所劾（hé）猥（wěi）㉖多，疑有私故。滂对曰："臣之所举，自非叨（tāo）

秽<sup>㉗</sup>奸暴，深为民害，岂以污简札<sup>㉘</sup>哉？间以会日迫促<sup>㉙</sup>，故先举所急，其未审<sup>㉚</sup>者，方更参实<sup>㉛</sup>。臣闻：农夫去草，嘉谷必茂；忠臣除奸，王道以清。若臣言有贰，甘受显戮（lù）<sup>㉜</sup>。"吏不能诘（jié）<sup>㉝</sup>，滂睹时方艰，知意不行，因投劾（hé）<sup>㉞</sup>去。

太守宗资先<sup>㉟</sup>闻其名，请署功曹<sup>㊱</sup>，委任政事。滂在职，严整疾恶。其有行违孝悌，不轨仁义者，皆扫迹<sup>㊲</sup>斥逐，不与共朝<sup>㊳</sup>。显荐异节<sup>㊴</sup>，抽拔幽陋<sup>㊵</sup>。滂外甥西平<sup>㊶</sup>李颂，公族子孙，而为乡曲所弃，中常侍唐衡以颂请资<sup>㊷</sup>，资用为吏。滂以非其人，寝<sup>㊸</sup>而不召。资迁怒<sup>㊹</sup>，捶书佐朱零<sup>㊺</sup>。零仰曰："范滂清裁<sup>㊻</sup>，犹以利刃齿<sup>㊼</sup>腐朽。今日宁受笞（chī）<sup>㊽</sup>死，而滂不可违。"资乃止。郡中中人以下，莫不归怨<sup>㊾</sup>，乃指滂之所用以为"范党"。

……

建宁二年，遂大诛党人，诏下急捕滂等。督邮<sup>㊿</sup>吴导至县，抱诏书，闭传舍<sup>51</sup>，伏床而泣。滂闻之，曰："必为我也。"即自诣狱。县令郭揖大惊，出解印绶，引与俱亡[52]，曰："天下大矣，子何为在此？"滂曰："滂死则祸塞，何敢以罪累君，又令老母流离乎？"其母就与之诀[53]。滂白母曰："仲博[54]孝敬，足以供养，滂从龙舒君[55]归黄泉，存亡各得其所。惟大人割不可忍之恩，勿增感戚。"母曰："汝今得与李、杜齐名[56]，死亦何恨[57]！既有令名，复求寿考，可兼得乎？"滂跪受教，再拜而辞。顾谓其子曰："吾欲使汝为恶，则恶不可为；使汝为善，则我不为恶。"行路闻之，莫不流涕。时年三十三。

## 注释

①选自王先谦《后汉书集解》，中华书局1984年版。　②汝南征羌：郡县名。在今河南郾城县东南一带。　③厉：通"砺"，磨炼。④州里：古代二千五百家为州，二十五家为里。本为行政建制，后泛指乡里或本土。服：钦服。　⑤举孝廉：因品行"孝""廉"而被选拔。孝廉，汉代选拔人才的一种科目。光禄四行：光禄勋考察人才时所规定的四种品行。光禄，光禄勋，汉时官名，"掌宿卫宫殿门户，

典谒署郎，更直执戟，宿卫门户，考其德行而进退之"（《后汉书·百官志》）。四行，《后汉书·范滂传》李贤注引《汉官仪》：光禄举敦厚、质朴、逊让、节俭四行。　⑥冀州：东汉州名，在今河北一带。　⑦清诏使：东汉官名，奉皇帝旨意，到地方调查处理事件。　⑧案察：即"按察"，考察。　⑨揽辔：拉起马缰绳。　⑩慨然：感慨的样子。　⑪州：指冀州。　⑫臧污：贪污。臧，通"赃"，受贿。　⑬绶：拴系官印的丝带。　⑭厌塞众议：使大家心服，提不出不同意见。厌，满足。塞，堵塞。　⑮迁：升任。光禄勋主事：光禄勋的属官。　⑯陈蕃：字仲举，汝南平舆（今属河南）人，当时士大夫清流中的代表。桓帝时，任太尉。灵帝时，为太傅，谋诛宦官，事败被杀。　⑰"滂执"四句：范滂按公仪拜见陈蕃，本以为陈蕃会以贤士待己，不会拘于上下级礼仪而阻止他，而陈蕃却接受了范滂的礼拜，范滂心怀不满，弃官而去。公仪，属下官员参见上司的礼仪。诣，拜见。止，阻止。版，拜见上司时所持之笏版。　⑱郭林宗：郭太，又作郭泰，字林宗。太原界休（今山西介休）人，当时清流领袖人物，不应官府征召，好奖拔士人。让：责怪。　⑲格：限制。　⑳去就：犹"出处"，即做官或去官。古人认为决定去官或就官表现着一位士人的品行。　㉑得无：难道不是。不优之议：不好的评论。　㉒谢：道歉。　㉓复为太尉黄琼所辟：黄琼，字世英，江夏安陆（今属湖北）人，官至太尉。辟：征召，聘任。　㉔三府：三公太尉、司徒、司空的衙门。掾属：属僚，下属官员。举谣言：采集反映民情的歌谣言论。　㉕奏：弹劾。二千石：指俸禄为二千石的官员。　㉖猥：杂滥。　㉗叨秽：贪赃。叨，通"饕"，贪婪。秽，指赃贿。　㉘简札：用作书写材料的竹简和木片，亦指功用相同的书写用品。　㉙间以会日迫促：加以在朝廷聚会陈奏的日子很迫近。间以，加以，又因。会日，指三公会议的日子。三公，即大司徒、大司马、大司空。迫促，日期临近。　㉚审：核实。　㉛方更参实：待进一步参证核实。方，将要。　㉜显戮：指死刑。　㉝诘：

反问。　　㉞投劾：呈递弹劾自己的状文。此为古代弃官的一种方式。
㉟先：从前。　　㊱请署功曹：请来委以功曹之任。署，委任。功曹，
官名，郡守的属僚。　　㊲扫迹：扫除足迹，指断绝往来。　　㊳朝：公
堂。　　㊴显荐异节：表彰举荐有非常节操的人。显，表彰。　　㊵抽拔：
提拔。幽陋：隐姓埋名者和地位低下者。指因卑微而被埋没的人才。
㊶西平：县名，今属河南。　　㊷中常侍：宦官名，主管宫中事务。以
颂请资：把李颂请托给宗资，安排职位。　　㊸寝：废止。　　㊹迁怒：把
怒气发泄到他人身上。　　㊺捶：用鞭子或木棍打。书佐：属官名，掌文
书。　　㊻清裁：公正的裁决。　　㊼齿：切割。　　㊽答：鞭打。　　㊾归怨：
把怨怒归聚到范滂身上。　　㊿督邮：郡守属官，主管督察、狱讼、捕
亡等事。　　51传舍：驿舍，供传递政府文书者休息的地方。　　52引：
自愿承当罪责。亡：逃亡。　　53诀：死别，长别。　　54仲博：范滂之
弟。　　55龙舒君：范滂之父范显，曾为龙舒侯相，时已故。龙舒，汉
代侯国名。　　56李：指李膺，字元礼，颍川襄城（今属河南）人，当
时士大夫清流中的代表。桓帝时，任司隶校尉。灵帝时，与陈蕃等谋
诛宦官，事败，下狱死。杜：指杜密，字周甫，颍川阳城（今河南登
封）人。桓帝时官至太仆。与李膺齐名，并称"李杜"。灵帝时，因
党事被征，自杀。　　57恨：遗憾。

## 译文

　　范滂字孟博，是汝南征羌人。从小就磨砺出冰清的节操，为州里
人所佩服，因为孝顺、品行端正而被推举做官。当时冀州发生饥荒，
盗贼纷纷而起，于是（朝廷）任用范滂为清诏使，查办这件事。范
滂登上车揽起辔绳（赴任），慷慨激昂有澄清天下的志向。等到到了
冀州州境，太守县令自知贪污，听到消息都辞官离去。他所推举上奏

的，没有人提出不同意见。

（范滂）升迁为光禄勋主事。当时陈蕃任光禄勋，范滂按照官方（属下参见上司）的礼仪拜访陈蕃，陈蕃没有阻止他，范滂心里觉得很遗憾，就扔下笏板弃官而去。郭林宗听说后，责备陈蕃说："像范滂这样的人，哪里应该用官方的礼仪来要求他？现在你成全他辞官、成就了他美名，难道不是自己选择了不好的评论吗？"陈蕃于是（向范滂）道歉。

（之后，范滂）又被太尉黄琼所征召。不久，皇上下诏三府衙门的属官呈报反映民情的歌谣言论，范滂举奏了刺史和享有二千石俸禄的为官者二十多人。尚书责备范滂弹劾的人太多，怀疑他有私心。范滂回答说："我所检举的人，倘若不是贪赃奸诈，就是深深地祸害百姓，（我）难道会（因为私心而）用他们的名字玷污奏章吗？加之召开三公会议的日期临近了，所以我先检举了最紧要的，那些没有审查核实的，将要进一步查实。我听说：农夫除掉杂草，好的禾苗一定会茂盛；忠臣除掉奸贼，君王的政治就会清明。如果我的话和事实有出入的，甘愿受死刑。"于是，尚书没有话来反诘他。范滂看到当时形势混乱，知道自己的志向不能实现，于是辞官离开了。

太守宗资很早以前听说范滂的好名声，（于是）请求（让范滂）任功曹，并把政事委交给他。范滂在任功曹期间，严厉地整治社会的恶疾。那些行为上有悖于孝顺、兄弟和睦的人，那些不遵守仁义礼制的人，统统都扫除驱逐出去，不和他们同朝做事。表彰举荐有高尚节操的人，提拔贫寒之士。范滂的外甥西平人李颂，是王侯之家的后代，却被同乡的人厌弃，中常侍唐衡把李颂托给宗资，宗资用他为小吏。范滂却认为他不合适（做这个事），就把这件事压下不办。宗资把怒气转嫁到书佐朱零的身上，捶打朱零。朱零仰头说："范滂（这样做）是公正的裁断，好像用锋利的刀刃割腐朽的东西。今天宁愿被鞭打而死，也不能违抗范滂。"宗资才作罢。郡中才能中等以下的人，没有不怨恨范滂的，于是共同指责范滂所用的人是"范党"。

　　……

　　建宁二年（169），（朝廷）大肆诛杀私自结党之人。诏书下达，紧急缉捕范滂等人。督邮吴导到县里，抱着诏书，（把自己）关在旅社中，伏床哭泣。范滂听说了之后，说："（这）一定是因为我呀！"当即赶到监狱去。县令郭揖非常吃惊，走出官衙，丢下官印和丝带，拉着范滂要和他一起逃亡，说道："天下很大，你为什么在这里？"范滂说："我死了，那么灾祸就平息了，怎么敢因为我的罪过连累您，又使得我的老母流落他乡呢？"范母来和滂诀别。范滂回复母亲说："弟弟仲博很孝顺，可以为您养老，我跟随龙淑君（先父）魂归黄泉了，是死得其所。只是希望母亲大人割舍这无法忍受的恩情，不要增加悲伤了。"他的母亲说："你现在能够与李膺、杜密齐名，死了又有什么遗憾呢？已经拥有了好名声，又想要长寿，可以同时得到吗？"滂下跪受教，又一次拜了母亲然后辞别。（范滂的母亲）回头对他儿子说："我想要你作恶吧，恶事不可为；要你为善吧，我又不为恶，（而你的人生结局竟如此！）"路过的人听见了，没有人不（被感动得）流泪。这一年，范滂三十三岁。

**阅读提示**

本文选自《后汉书·党锢列传》，集中塑造了范滂这位清正廉洁、一心为公的循吏形象。文章通过四件事来体现范滂的性格特点。第一段通过范滂上任之后贪官纷纷离任，从侧面表现出他的廉洁和影响力；第二段通过陈蕃接受礼拜而没有礼贤下士，让范滂一怒之下辞官，可以看出范滂的清高孤傲；第三段写尚书责备范滂弹劾人员过多，怀疑他有私心，但范滂不为所动，问心无愧，可以看出范滂光明磊落，一心为公；最后朝廷打击结党之人，很多政敌联合起来攻击范滂，他自知难免，为了不牵累家人甘愿赴死，充分显示出他孤高廉洁，为公利人的品性。

**学问思辨**

所谓"水至清则无鱼，人至察则无徒"，范滂因为为人正直、清廉和公正而得罪了不少同僚，被人怨恨以至陷害。请思考，在日常生活中如何做一个正直、公正的人，而能避免范滂所受之祸？

# 《赞学》节选①

## 王 符

天地之所贵者人也，圣人之所尚者义也，德义之所成者智也，明智之所求者学问也。虽有至圣，不生而知；虽有至材，不生而能。故志曰：黄帝师风后，颛顼师老彭，帝喾（kù）师祝融，尧师务成，舜师纪后，禹师墨如，汤师伊尹，文、武师姜尚，周公师庶秀，孔子师老聃（dān）。若此言之而信，则人不可以不就师矣。夫此十一君者，皆上圣也，犹待学问，其智乃博，其德乃硕，而况于凡人乎？

是故工欲善其事，必先利其器；士欲宣其义，必先读其书。《易》曰："君子以多志前言往行以畜其德。"是以人之有学也，犹物之有治也。故夏后之璜，楚和之璧②，虽有玉璞卞（biàn）和之资，不琢不错③，不离砾石。

夫瑚（hú）簋（guǐ）④之器，朝祭之服，其始也，乃山野之木、蚕茧之丝耳。使巧倕（chuí）⑤加绳墨而制之以斤斧，女工加五色而制之以机杼，则皆成宗庙之器，黼（fǔ）黻（fú）之章，可羞于鬼神，可御于王公。而况君子敦贞之质，察敏之才，摄之以良朋，教之以明师，文之以《礼》《乐》，导之以《诗》《书》，赞之以《周易》，明之以《春秋》，其不有济乎？

《诗》云："题彼鹡（jí）鸰（líng）⑥，载飞载鸣⑦。我日斯迈，而月斯征⑧。夙兴夜寐，无忝（tiǎn）尔所生。"⑨是以君子终日干干⑩进德修业者，非直为博己而已也，盖乃思述祖考之令问，而以显父母⑪也。

**注释**

①选自王符《潜夫论·赞学》（汪继培笺、彭铎校正《潜夫论笺校正》，中华书局1985年版）。　②夏后之璜，楚和之璧：夏后氏的璜，楚国和氏之璧。关于夏后氏之璜，《山海经·海外西经》曰："大乐之野，夏后启于此舞《九代》，乘两龙，云盖三层。左手操翳，右手操环，佩玉璜。在大运山北。"《淮南子》中曾四次提到的夏后氏之

璜:"夫有夏后氏之璜者,匣匮而藏之,宝之至也。"(《精神训》)"夫夏后氏之璜,不能无考;明月之珠,不能无类。然而天下宝之者何也?其小恶不足以妨大美也。"(《泛论训》)"和氏之璧、夏后之璜,揖让而进之,以合欢;夜以投人,则为怨。时与不时。"(《说山训》)"曹氏之裂布,蚨者贵之;然非夏后氏之璜。"(《说林训》)  ③错:磨。 ④瑚簋:宗庙盛黍稷的礼器。瑚是殷朝时的称谓,簋是周朝时的叫法。  ⑤巧倕:相传为中国上古尧舜时代的一名巧匠,善作弓、耒、耜等。倕,人名。  ⑥题:通"睇",看。鹝鸰:飞鸟。  ⑦载飞载鸣:一边飞一边鸣叫。  ⑧我日斯迈,而月斯征:我每日每月地出征远行。斯,乃,则。迈,远行,行役。征,远行。  ⑨无忝尔所生:不要辱没你的父母。忝,辱没。尔所生,你的父母。  ⑩干干:追求。  ⑪显父母:光耀父母。

## 译文

天地间最珍贵的,是人;圣人最崇尚的,是义。想要达到德义,要靠智慧;想要求得明智,要通过学问。虽然有最智慧的人,不是生来就知道的;虽然有有才的人,也不是生来就能够达到的。所以志里说:黄帝以风后为师,颛顼以老彭为师,帝喾以祝融为师,尧以务成为师,舜向纪后学习,禹向墨如学习,汤向伊尹学习,文王、武王向姜尚学习,周公以庶秀为师,孔子向老聃学习。如果上面说的是真的,那么人不可以不接近老师(向老师学习)。这十一个人,都是最智慧的圣人,尚且需要学习研究,他们的智慧才能广博,他们的德行才能高尚,更何况是普通人呢?

所以,匠人想要做好他的事,一定要先磨好他的工具;士想要宣扬自己的道义,一定要先读书。《易经》说"君子要多记前人的教诲和经验，来培养自己的品德。"所以，人有学问，就像物品被攻治好了。因此夏朝国君的玉璜，楚国和氏的玉璧，即使有像玉璞卞和那样的材质，如果不雕琢不打磨，也和普通小石头没有区别。那些放在宗庙里，在祭祀时盛放黍稷的礼器，还有朝祭时所穿的衣服，它们最开始的时候，也不过是山上野地里的木头和蚕结茧后抽出来的丝而已。让心灵手巧的倕用绳墨去规画它，用刀斧去制作它，让手巧的女子用五色的丝线，在织布机上织它，就都能成为祭祀祖宗的器具，漂亮的纹理，可献给鬼神，可以给王公大臣用。更何况君子有敦厚方正的品质、善察敏捷的才干，有优秀的人与之交朋友，有明智的老师教导他，用礼、乐来装饰他的行动，有诗、书来引导自己的人生，有《周易》来辅佐自己的行为，有《春秋》来帮助自己明辨是非，还有做不成的事吗？

《诗经》说："看那个鹡鸰鸟，一边飞一边叫。我日日月月在外远征，日夜都不敢休息，不想对不起父母的好名声。"因此，君子整天追求提升道德、增进学业，并不仅仅是为了自己（知识）渊博，大概是为了思考、传述先人博大美好的学问，以此来光耀自己父母。

**阅读提示**

这篇文章是对进学的鼓励和赞颂。开篇第一段阐述人只有通过学习，才能增加智慧，才能提升道德境界。并举出商汤、周文王、周武王、周公和孔子的例子来证明。作为圣哲尚且虚心求教，更何况资质平常的人呢？

　　然后，文章论述了学问的重要性。人有学问，就如同经过雕琢的玉石，更能彰显自己的优点；只有用礼乐来装饰自己的行动，用诗书来丰富自己的人生，才会让我们更加清晰和明确地立身行事。

　　最后一段提到君子进德修业为的是光大学问，光耀门楣。这是当时候人们的认识和观念。

## 学问思辨

　　有的学生认为读书无用。请你通过本篇文章的学习，给他写一段劝说性的话，不少于200字。

# 《治学》节选①

## 徐 幹

　　昔之君子成德立行，身没而名不朽，其故何哉？学也。学也者，所以疏神达思，怡情理性，圣人之上务也。民之初载，其蒙②未知。譬如宝在于玄室③，有所求而不见，白日照焉，则群物斯辩矣。学者，心之白日也。故先王立教官，掌教国子，教以六德，曰：智、仁、圣、义、中、和；教以六行，曰：孝、友、睦、姻（yīn）、任、恤④；教以六艺，曰：礼、乐、射、御、书、数；三教备而人道毕矣。学犹饰也，器不饰则无以为美观，人不学则无以有懿（yì）德。有懿德故可以经人伦，为美观故可以供神明。故《书》曰："若作梓（zǐ）材⑤，既勤朴斫（zhuó）⑥，惟其涂丹雘（huò）⑦。"

　　夫听黄钟⑧之声，然后知击缶之细；视

衮（gǔn）龙之文[9]，然后知被（pī）褐（hè）[10]之陋；涉庠序之教，然后知不学之困。故学者，如登山焉，动而益高；如寤寐[11]焉，久而愈足。顾所由来，则杳然其远，以其难而懈之，误且非矣。《诗》云"高山仰止，景行行止"，好学之谓也。

倚立而思远，不如速行之必至也；矫首而徇（xùn）飞[12]，不如修翼之必获也；孤居而愿智，不如务学之必达也。故君子心不苟愿，必以求学；身不苟动，必以从师；言不苟出，必以博闻。……

……故君子之于学也，其不懈，犹上天之动，犹日月之行，终身亹亹（wěi wěi）[13]，没而后已。故虽有其才，而无其志，亦不能兴其功也。志者，学之师也；才者，学之徒也。学者不患才之不赡，而患志之不立。是以为之者亿兆，而成之者无几，故君子必立其志。

# 注释

①选自徐幹《中论·治学第一》，四部丛刊影印本。　②蒙：蒙昧。
③玄室：暗室。　④睦、姻、任、恤：此句出自《周礼·地官·大司
徒》："二曰六行：孝、友、睦、姻（姻）、任、恤。"郑玄注："睦，亲
于九族；姻，亲于外亲。""任，信于友道。恤，振忧贫者。"后来以
"睦姻"谓对宗族和睦，对外亲亲密。"任恤"表示诚信并给人以帮助同
情。　⑤梓材：《尚书》载，周公用梓人治材比喻量材为政，文中的"梓
材"指上等木材。后世用以比喻优异的人才。　⑥既勤朴斫：既用朴刀
砍斫。　⑦丹膜：油漆用的红色颜料。　⑧黄钟：古之打击乐器，多
为庙堂所用。　⑨衮龙之文：衮龙袍上的纹路。　⑩被褐：穿着粗
布短袄。被，通"披"。　⑪寤寐：醒和睡。寤，睡醒。寐，睡着。
⑫矫首而徇飞：仰着头而想飞得很快。矫首，昂头。徇，迅速。　⑬亹
亹：勤勉不倦的样子。

# 译文

从前的君子，成就高尚的道德、建立美好的品行，身体死亡而名
声不朽，是什么原因呢？是学习。学习，是用来通明精神、畅达思
想、和悦情绪、修养品性的手段，是圣人最看重的事情。人刚出生的
时候，蒙昧无知，就好像珍宝放在暗室里，想寻找却看不出，等到太
阳一照进去，所有东西都很清楚。学习，就是心灵的太阳。所以先王
设立掌管教授的官员，掌管教育国家百姓，用六德来教育百姓：智慧、
仁厚、圣明、道义、中庸、和睦；用六行来教育百姓：孝顺、友好、
家庭和睦、外姻亲密、诚信、同情别人；用六艺来教育百姓：礼节、
音乐、射箭、驾车、读书、计算。这三类教育达到了，那么人的教育

就完成了。学习好像是修饰，器物不加修饰就不会美观，人不学习，也就无法有美好的品德。（人）有美好的品德，就可以妥善处理人与人的关系；（器物）美观了，才可以供奉给神明。所以《尚书》说："想要做上等的材料，既要用朴刀砍，又要用丹腰涂。"

听了黄钟的声音，这样，才知道叩击瓦罐的声音很小；仔细观察了帝王礼服上的绣龙纹饰，然后才知道粗布短衣是多么的简陋；接受过学校的教育，然后才知道不学习的局限。所以学习这件事，就好像是登山，越走越高；就好像是睡觉，越久越充足。回顾来由，就很遥远了，但是因为难而懈怠，这就不仅仅是错误，而且是完全不对了。《诗经》说"高山仰止，景行行止"，说的就是好学。

倚靠着伫立，想着远方，不如快速行走就一定能到达；昂着头想要飞翔，不如修理翅膀就一定能实现；孤身独处而希望获取智慧，不如努力学习就一定能达到。所以君子不随便想要什么，一定要努力学习；身体不轻易举动，一定要追随老师；话不随便说，一定要广泛听取。

……所以，君子对于学习，那种坚持不懈的样子，就好像是天空的运转，就好像是日月的运行，终身勤勉，死而后已。所以，即使有才华，如果没有志向，也不能建立功业。志向，是学习的基础；才华，是学习的次要。学习的人不害怕才学不足，而担心志向没有确立。所以，学习的人（自古至今）有很多，而有成就的人却寥寥无几，所以，君子一定要确立他的志向。

与上一篇《赞学》类似，本文也是述劝学之意。文章开篇指出，君子获得品德和名声的途径是学习。接着用阳光来比喻学习的作用，它能够照彻蒙昧，能够指引人们培养好的德行，走向更高的道德境界。下面一段谈好学和学贵有恒，最后提出学习的同时一定要树立志向，这样才能够把所学的知识转化为改造社会的力量。

《治学》节选　徐幹

**学问思辨**

学习是人的知识和道德完善的条件，但文章末尾又着重提到立志的重要性。请你思考一下，立志为什么会那么重要？

# 第三单元　魏晋卷

　　夫君子之行，静以修身，俭以养德。非澹泊无以明志，非宁静无以致远。夫学须静也，才须学也，非学无以广才，非志无以成学。

# 一 文心清幽，寄怀山水

## 《洛神赋》节选①

### 曹植

　　余告之曰：其形也，翩若惊鸿，婉若游龙②，荣曜（yào）秋菊，华茂春松③。仿佛兮若轻云之蔽月，飘飖（yáo）兮若流风之回雪④。远而望之，皎若太阳升朝霞⑤。迫而察之，灼若芙蕖出渌（lù）波⑥。秾（nóng）纤得中，修短合度⑦。肩若削成，腰如约素⑧。延颈秀项，皓质呈露⑨，芳泽无加，铅华弗御⑩。云髻峨峨，修眉连娟，丹唇外朗，皓齿内鲜⑪。明眸善睐（lài），辅靥（yè）承权，瑰姿艳逸，仪静体闲⑫。柔情绰⑬态，媚于语言。奇服旷世，骨象应图⑭。披罗衣之璀粲兮，珥瑶碧之华琚（jū）⑮。戴金翠之首饰⑯，缀明珠以耀躯。践远游之文履，曳雾绡（xiāo）之轻裾（jū）⑰。微幽兰之芳蔼兮，步踟蹰于山隅⑱。于是忽焉纵体，以遨以嬉⑲。左倚采旄（máo），右荫桂旗⑳。攘皓腕于神浒兮，采湍（tuān）濑（lài）之玄芝㉑。

余情悦其淑美兮，心振荡而不怡㉒。无良媒以接欢兮，托微波而通辞㉓。愿诚素之先达兮，解玉佩以要（yāo）㉔之。嗟佳人之信修兮，羌习礼而明诗㉕。抗琼珶（dì）以和予兮，指潜渊而为期㉖。执眷眷之款实兮，惧斯灵之我欺㉗！感交甫之弃言兮，怅犹豫而狐疑㉘。收和颜而静志兮，申礼防以自持㉙。

于是洛灵感焉，徙倚㉚彷徨。神光离合，乍阴乍阳㉛。竦（sǒng）轻躯以鹤立㉜，若将飞而未翔。践椒涂之郁烈，步蘅（héng）薄而流芳㉝。超长吟以永慕兮，声哀厉而弥长㉞。尔乃众灵杂遝（tà），命俦啸侣㉟。或戏清流，或翔神渚㊱。或采明珠，或拾翠羽。从南湘之二妃，携汉滨之游女㊲。叹匏瓜之无匹兮，咏牵牛之独处<sup>㊳</sup>。扬轻袿（guī）之猗（yī）靡兮，翳（yì）修袖以延伫<sup>㊲</sup>。体迅飞凫（fú）<sup>㊵</sup>，飘忽若神。凌波微步，罗袜生尘<sup>㊶</sup>。动无常则，若危若安。进止难期<sup>㊷</sup>，若往若还。转盼流精<sup>㊸</sup>，光润玉颜。含辞未吐，气若幽兰<sup>㊹</sup>。华容婀娜，令我忘餐。

**注释**

①选自赵幼文《曹植集校注》，人民文学出版社1984年版。　②"翩若"二句：翩然若惊飞的鸿雁，蜿蜒如游动的蛟龙。翩，鸟疾飞的样子，此处指飘忽摇曳的样子。惊鸿，惊飞的鸿雁。婉，蜿蜒曲折。③"荣曜"二句：容光焕发如秋日下的菊花，体态丰茂如春风中的松树。荣，丰盛。曜，日光照耀。华茂，华美茂盛。　④"仿佛"二句：时隐时现像轻云遮住月亮，浮动飘忽似回风旋舞雪花。仿佛，若隐若现的样子。飘飖，飞翔的样子。回，回旋，旋转。这两句是写洛神的体态婀娜，行动飘忽。　⑤皎：洁白光亮。太阳升朝霞：太阳升起于朝霞之中。　⑥"迫而"两句：不论远远凝望还是靠近观看，洛神都是姿容绝艳。迫，靠近。灼，鲜明，鲜艳。芙蕖，一作"芙蓉"，荷花。渌，水清的样子。　⑦秾纤得中，修短合度：洛神的高矮肥瘦都恰到好处。秾，花木繁盛。此指人体丰腴。纤，细小。此指人体苗条。修短，长短，高矮。　⑧肩若削成，腰如约素：肩窄如削，腰细如束。削成，形容两肩瘦削下垂的样子。约素，一束白绢。素，白细丝织品。　⑨延颈秀项，皓质呈露：延、秀，均指长。颈，脖子的前

部。项，脖子的后部。皓，洁白。呈露，显现，外露。　⑩芳泽无加，铅华弗御：既不施脂，也不敷粉。泽，润肤的油脂。铅华，粉。古代烧铅成粉，故称铅华。不御，不施。御，用。　⑪"云髻"四句：发髻如云，眉毛微曲，红唇鲜润，牙齿洁白。云髻，发髻如云。峨峨，高耸的样子。连娟，微曲的样子。朗，明润。鲜，光洁。　⑫"明眸"四句：眸，目中瞳子。睐，顾盼。辅，面颊。靥，酒窝。承权，在颧骨之下。权，颧骨。瑰，奇妙。艳逸，艳丽飘逸。仪，仪态。闲，娴雅。　⑬绰：绰约，美好。　⑭奇服旷世，骨象应图：奇丽的服饰，举世未有。骨格形貌与画中人相当。　⑮"披罗"两句：璀粲，鲜明的样子。一说为衣动的声音。珥，珠玉耳饰。此用作动词，作佩戴解。瑶、碧，均为美玉。华琚，刻有花纹的佩玉。琚，佩玉名。　⑯金翠：黄金翠玉制成的饰物。首饰：指钗簪一类饰物。　⑰"践远"两句：践，穿，着。远游，鞋名。文履，饰有花纹图案的鞋。曳，拖。雾绡，轻薄如雾的绡。绡，生丝。裾，裙边。　⑱"微幽兰"两句：微，轻微。芳蔼，香气。踟蹰，徘徊。隅，角。　⑲"于是"两句：忽然又飘然轻举，且行且戏。纵体，身体轻举的样子。遨，游。　⑳采旄：彩旗。采，同"彩"。旄，旗杆上旄牛尾饰物，此处指旗。桂旗：以桂木做旗杆的旗，形容旗的华美。　㉑"攘皓腕"两句：攘，此指挽袖伸出。神浒，为神所游之水边地。浒，水边泽畔。湍濑，石上急流。玄芝，黑色芝草，相传为神草。　㉒"余情"两句：我喜欢她的淑美，又担心不被接受，不觉心旌摇曳而不安。振荡，形容心动荡不安。怡，悦。　㉓"无良媒"两句：没有合适的媒人去通接欢情，就只能借助微波来传递话语。微波，一说指目光。　㉔要：同"邀"，约请。　㉕"嗟佳人"两句：指有很好的文化教养。信修，确实美好。羌，发语词。习礼，懂得礼法。明诗，善于言辞。　㉖"抗琼珶"两句：举起美玉回应我，指深水发誓，约期相会。抗，举起。琼珶，美玉。和，应答。潜渊，深渊，一说指洛神所居之地。期，会。　㉗"执眷眷"两句：眷眷，依恋的样子。款实，诚实。斯灵，此神，指宓妃。我欺，即欺我。 ㉘"感交甫"两句：交甫，郑交甫。《文选》李善注引《神仙传》："切仙一出，游于江滨，逢郑交甫。交甫不知何人也，目而挑之，女遂解佩与之。交甫行数步，空怀无佩，女亦不见。"弃言，背弃承诺。狐疑，疑虑不定。因为想到郑交甫曾经被仙女遗弃，故此内心产生了疑虑。 ㉙"收和颜"两句：收和颜，收起和悦的容颜。静志，镇定情志。申，施展。礼防，礼法，礼能防乱，故称礼防。自恃，自我约束。 ㉚徙倚：留连徘徊。 ㉛神光离合，乍阴乍阳：洛神身上放出的光彩忽聚忽散，忽明忽暗。 ㉜竦：耸。鹤立：形容身躯轻盈飘举，如鹤之立。 ㉝"践椒涂"两句：椒途，涂有椒泥的道路，一说指长满香椒的道路。椒，花椒，有浓香。蘅薄，杜蘅丛生地。流芳，散发香气。 ㉞"超长吟"两句：怅然长吟以表示深沉的思慕，声音哀婉而悠长。超，惆怅。永慕，长久思慕。厉，疾。弥，久。 ㉟"尔乃"两句：众灵，众仙。杂沓，纷纭，多而乱的样子。命俦啸侣，招呼同伴。俦，伙伴，同类。 ㊱渚：水中高地。㊲"从南湘"两句：南湘之二妃，指娥皇和女英。据刘向《列女传》载，尧以长女娥皇和次女女英嫁舜，后舜南巡，死于苍梧。二妃往寻，自投湘水而死，为湘水之神。汉滨之游女，汉水之女神，即前注中郑交甫所遇之神女。 ㊳"叹匏瓜"两句：为匏瓜星的无配偶而叹息，为牵牛星的独处而哀咏。 ㊴"扬轻袿"两句：袿，妇女的上衣。猗靡，随风飘动的样子。翳，遮蔽。延伫，久立。 ㊵凫：野鸭。 ㊶凌波微步，罗袜生尘：在水波上细步行走，溅起的水沫附在罗袜上如同尘埃。凌，踏。尘，指细微四散的水沫。 ㊷难期：难料。 ㊸转盼：转眼顾盼之间流露出奕奕神采。流精：形容目光流转而有光彩。 ㊹气若幽兰：形容气息香馨如兰。

# 译文

　　我告诉他说：她的外貌，翩然好像受惊飞走的鸿雁，婉约好像游动的飞龙，容光焕发好像秋天的菊花，体态丰茂好像春天的青松。隐约好像轻云遮蔽月亮，飘忽好像飘雪。远远地望去，皎洁得好像太阳从朝霞中升起；靠近仔细观察，艳丽得好像从绿波中绽开的新荷。体态适中，高低合度，肩窄如削，腰细如束。伸长秀美的脖子，露出白皙的皮肤，不施粉黛。发髻巍峨如云，长眉弯曲纤细，红唇鲜艳，牙齿洁白。一双顾盼流连的闪亮的眼睛，两个颧骨下是甜甜的酒窝。她姿态优雅飘逸，举止娴静文雅，温柔和顺，语辞妩媚。奇艳的服饰绝世未见，风骨体貌和图上一样。她身披明亮的罗衣，戴着精美的佩玉。头上戴着黄金翠玉首饰，身上缀着珠宝，非常闪亮。穿着有花纹的鞋子，拖着轻薄如雾般的裙裾。吐露幽兰的芬芳，在山脚徜徉。忽然轻轻跳动，一边遨游一边嬉戏，左面倚着彩旄旗帜，右面有桂旗庇荫，在河滩上伸出白皙的手腕，采撷水流边的黑色芝草。

　　我喜欢她的淑美啊，内心摇曳震荡不安。没有好媒人去说情啊，只能借助微波来告诉她我的心里话。希望（自己）真诚的心意能最先到达（她），我解下玉佩来邀请她。嗟叹佳人实在很美好啊，既习礼义又通诗。她拿着琼玉来回应我啊，并指着深深的水流来相会。我怀着眷眷的真诚，又害怕这位神女欺骗我。有感于郑交甫被神女背弃诺言，惆怅犹豫又迟疑。于是收起来脸色心志安定，用礼义来约束自己。

　　这时洛神被感动了，走动彷徨，精神若离若合，忽明忽暗。耸起轻盈的身躯，像飞鹤那样立着，就好像将要飞了却没有飞起来。踏着充满花椒浓香的小路，走过杜衡草，芳香流动。长长地吟叹来表示永久的思慕啊，声音哀婉而悠长。于是众神纷至沓来，呼唤伴侣。有的于清澈溪流中嬉戏，有的于小洲上飞翔。有的采集明珠，有的捡拾翠鸟的羽毛。跟随着娥皇、女英南湘二妃，带着汉水之滨的游女。感叹瓠瓜星没有合适的配偶，叹咏牵牛星的无人陪伴。扬起上衣随风飘动啊，用长袖子遮蔽延颈伫立。身体迅速走动如飞凫，飘忽像神仙一样。在水波上快走，罗袜溅起的水沫如尘土。行动没有规律，像危急又像安闲，进退难以预料，好像要走又好像要回来。目光流转，容颜润泽脸色玉质。话未出口，口气若悠悠兰香。华丽的容貌、婀娜的身姿，让我忘记了餐饭。

**阅读提示**

　　本文是中国文学史上的辞赋名篇，通过解读和赏析《洛神赋》，我们对辞赋描摹人物形貌、细腻表达感情等功能有了更深刻的认识。

　　作者模仿战国时期楚国宋玉《神女赋》对巫山神女的描写，虚构了作者自己与洛神宓妃的邂逅，并表达了彼此间的思慕爱恋。宓妃形象美丽绝伦，让人倾慕，但作者最终悟到，人神道殊，二人不可能结合，于是抒发了无限的悲伤怅惘之情。本篇所选部分写宓妃容仪服饰之美，并表达了作者对洛神的爱慕之心。全赋辞采华美，描写细腻，想象丰富，情思缱绻，若有寄托。

学完本篇，你都学到了哪些描写和形容女性容貌和举止的词汇呢？比喻和通感这两种修辞手法在本篇中体现在哪些句子上？

《洛神赋》节选　曹植

# 登楼赋①

## 王　粲

　　登兹楼②以四望兮，聊暇③日以销忧。览斯宇之所处兮，实显敞而寡仇。挟清漳④之通浦兮，倚曲沮（jū）⑤之长洲。背坟衍⑥之广陆兮，临皋隰（xí）⑦之沃流。北弥陶牧⑧，西接昭丘⑨。华实蔽野，黍稷盈畴。虽信美而非吾土兮，曾何足以少留！

　　遭纷浊而迁逝兮，漫逾纪⑩以迄今。情眷眷而怀归兮，孰忧思之可任？凭轩槛以遥望兮，向北风⑪而开襟。平原远而极目兮，蔽荆山之高岑。路逶迤而修迥兮，川既漾而济深。悲旧乡之壅隔兮，涕横坠而弗禁。昔尼父之在陈兮，有“归欤”之叹音⑫。钟仪幽而楚奏兮⑬，庄舄（xì）显而越吟⑭，人情同于怀土兮，岂穷达而异心！

　　惟日月之逾迈兮，俟河清⑮其未极。冀王

道之一平兮，假高衢而骋力。惧匏瓜之徒悬兮[16]，畏井渫(xiè)之莫食[17]。步栖迟以徙倚兮，白日忽其将匿。风萧瑟而并兴兮，天惨惨而无色。兽狂顾以求群兮，鸟相鸣而举翼。原野阒(qù)[18]其无人兮，征夫行而未息。心凄怆以感发兮，意忉(dāo)怛(dá)而憯(cǎn)恻[19]。循阶除[20]而下降兮，气交愤于胸臆。夜参半而不寐兮，怅盘桓以反侧。

## 注释

①选自王粲著，俞绍初校点《王粲集》，中华书局1980年版。②兹楼：指麦城城楼。 ③暇：通"假"，借。 ④漳：漳水，在今湖北当阳境内。浦，大水有小口别通曰浦。 ⑤沮：沮水，也在当阳境内，与漳水会合南流入长江。 ⑥坟衍：地势高起为坟，广平为衍。 ⑦皋隰：水边之地为皋，低湿之地为隰。⑧陶牧：陶，乡名，传说是陶朱公范蠡的葬地。牧，郊野。 ⑨昭丘：楚昭王坟墓，在当阳县郊。据《左传·哀公六年》记载，楚昭王是春秋时深知用人之道的明君。 ⑩纪：一纪为十二年。 ⑪向北风：王粲家乡山阳高平在麦城之北，故云。 ⑫"昔尼父"两句：孔子在陈绝粮，曾叹息说："归欤！归欤！"（见《论语·公冶长》）⑬钟仪幽而楚奏兮：楚国乐官钟仪，被晋所俘，晋侯让他弹琴，他仍操楚国乐调。《左传·成公九年》："乐操土风，不忘旧也。" ⑭庄舄显而越吟：据《史记·陈

187

轸传》），越人庄舄在楚国做大官，病中思乡，仍发出越国的语音。 ⑮河清：据《左传·襄公八年》，逸《诗》有云："俟河之清，人寿几何？"古以黄河水清喻时世太平。 ⑯惧匏瓜之徒悬兮：《论语·阳货》："（子曰）吾岂匏瓜也哉，焉能系而不食？"以匏瓜徒悬喻不为世用。 ⑰畏井渫之莫食：《周易·井卦》："井渫不食，为我心恻。"渫，除去井中污浊。"井渫莫食"喻己虽洁其志而不为世用。 ⑱阒：寂静。 ⑲切怛：悲痛。憯恻：悽伤。 ⑳循阶除：沿着台阶。阶除，台阶。

## 译文

登上这个城楼四处瞭望啊，暂且借这一日来排解忧愁。看这个城楼所处的环境啊，实在是明亮宽敞，恐怕没有第二个。一边挟着清澈的漳水的通道啊，一边依靠着弯曲沮水中长长的陆地。一边背靠着高而阔的大陆地啊，一边面对着水边低湿的肥沃土地。北边可到达陶乡牧野，西边连接着楚昭王的坟丘。花朵果实遮蔽了田野，小米高粱长满了田间地头。虽然真美，但却不是我的故乡啊，又哪里值得片刻逗留。

遭到纷乱污浊的世道而迁徙流亡啊，漫漫地十二年到了今天。情真意切，心怀归乡啊，谁能承受得了这样的忧思？依靠着栏杆遥望远方啊，迎向北风而敞开衣襟。平原寥廓，我极目四望，被高高的荆山挡住了视线。道路曲折而漫长啊，河流荡漾渡口深远。悲哀啊，故乡千山相隔，涕泗横流落下，不能止住。以前孔子在陈国，有"回去吧"的感叹。钟仪被幽禁而演奏楚国之乐啊，庄舄显达了还吟咏着越地的歌谣，人的感情在怀念故土上是一样的啊，哪里会因为穷困或显达而有不同的感情。

只有时光不停地流逝，想要等到黄河水清没有希望。希望王道能够安定啊，（可以）假借安定的世道而发挥力量。害怕像匏瓜那样空挂着啊，害怕像井水那样无人食用。我走路徘徊犹豫啊，白天匆匆就要溜走。风声萧瑟四面吹来啊，天色惨淡昏暗无光。野兽疯狂四处奔跑来寻找同伴啊，鸟儿相互鸣叫鼓起了翅膀。原野寂静无人啊，征途上的人脚步匆匆不曾停歇。内心凄怆有感而发啊，情意悲痛而悽伤。沿着台阶向下走啊，愤懑的情绪充斥于胸膛。深夜了还无法入睡啊，惆怅地翻来覆去地思量。

阅读提示

王粲（177—217），少有才名，博闻强记，有过目不忘之能，但终因身处乱世而未被重用。《登楼赋》创作于建安九年（204），王粲南下到荆州第十三个年头，他登上当阳东南的麦城城楼，纵目四望，忆古念今，久客思归，万感交集，写下了这篇历代传诵不衰的名作。通过前面介绍的创作背景，我们可以看出此赋中充盈着沉郁、悲愤、失意之叹。

从结构上看，全文分三段，首段写登楼所见，次段表达怀乡之情，末段忧未来前途。从现实所见，到心中所感，再到前途所忧，层次非常清晰。从景物描写和情感表达的结合上看，作者把内心感情的抒发，与有明暗虚实变化的景物描写结合起

登楼赋

王粲

来，或情随景迁，或因情设景，使作者的感情更有现实景物的衬托与彰显，因而有了更强的抒情效果，引人共鸣。

## 学问思辨

在中国文化中，"登楼"意象隐含有不得志及怀乡的意蕴，请列举几首以"登楼"为题的诗歌，感知分析诗人情感。

# 二 情之所钟，端在我辈

## 诫子书①

### 诸葛亮

夫（fú）君子之行②，静以修身③，俭以养德④。非澹泊无以明志⑤，非宁静无以致远⑥。夫学须静也，才须学也，非学无以广才⑦，非志无以成⑧学。慆（tāo）慢则不能励精⑨，险躁则不能冶性⑩。年与时驰⑪，意与日去⑫，遂成枯落⑬，多不接世⑭，悲守穷庐，将复何及⑮！

### 注释

①选自汪绍楹校《艺文类聚》卷二十三，上海古籍出版社1982年版。诫：警告，劝人警惕。书：信。　②夫：段首或句首发语词，引出下文的议论，无实在的意义。君子：指品行高尚的人。　③修身：提高个人的品德修养。　④养德：培养品德。　⑤澹泊：清静而不贪图功名利禄。明志：表明自己崇高的志向。　⑥宁静：这里指安静，

集中精神，不分散精力。致远：实现远大目标。　⑦广才：增长才干。
⑧成：达成，成就。　⑨惰慢：漫不经心。慢，懈怠，懒惰。励精：
尽心，专心。　⑩险躁：冒险急躁，狭隘浮躁，与上文"宁静"相对
而言。冶性：陶冶性情。　⑪与：跟随。驰：疾行，这里是增长的意
思。　⑫日：时间。去：消逝，逝去。　⑬遂：于是，就。枯落：枯
枝和落叶，此指像枯叶一样飘零，形容人韶华逝去。　⑭多不接世：
对社会没有任何贡献。接世，接触社会，承担事务，对社会有益。有
"用世"的意思。　⑮将复何及：又怎么来得及。

## 译文

　　君子的行为，用宁静来提高自身修养，用节俭来蓄养自己（高
尚）的品德。不清淡寡欲无法明确志向，没有内心安静就无法达到远
大目标。学习必须静心，（想要获取）才干必须学习，不学习就没有
办法增长才干，没有志向就无法使学习有所成就。懒散就无法振奋精
神，急躁就不能陶冶性情。年华随时光飞驰而去，意志随岁月流逝而
离去，最后枯败凋落，大多不接触世事，（只能）悲哀地守着那穷困
的庐舍，（到时候，悔恨）又哪里来得及？

## 阅读提示

　　这是一封家书，由诸葛亮创作于三国时期蜀汉建兴十二年
（234），是写给他八岁的儿子诸葛瞻的。诸葛亮早年隐居卧龙
岗，后被刘备所赏识，最终"三顾茅庐"请其出山，为刘备出

谋划策。他一生为国用心尽力，鞠躬尽瘁，死而后已，这从诸葛亮最有名的散文《出师表》中可见一斑。

这封家书作于诸葛亮晚年，他劝告八岁的儿子以淡泊宁静之心向学，早立志向，以学习成就自己的人生。在这封家书中，诸葛亮阐述修身养性、治学做人的深刻道理，浓缩了他毕生的学习思考和人生体验，充满智慧之语，我们今天读来依然可资借鉴；其中对儿子的谆谆教诲，殷殷期待，依然让我们动容。另外，这封家书还讲明修身养性的途径和方法、立志与学习的关系。不但讲明了宁静淡泊的重要，也指明了放纵怠慢、偏激急躁的危害——等到年华逝去，独自守着穷困居所，悔恨又有什么用呢？

诫子书　诸葛亮

## 学问思辨

"非澹泊无以明志，非宁静无以致远""夫学须静也，才须学也"是本篇的两句名言。你怎么理解这两句话？

# 别郗氏妻书①

王献之

虽奉对积年，可以为尽日之欢，常苦不尽触额之畅②。方欲与姊极当年之足③，以之偕老，岂谓乖别④至此。诸怀怅塞实深，当复何繇（yóu）日夕见姊⑤耶！俯仰悲咽，实无已无已，唯当绝气耳！

## 注释

①选自文渊阁四库全书本《汉魏六朝一百三家集》。　②常苦不尽触额之畅：经常遗憾不能额头触着额头的畅快。　③极当年之足：极尽当年的愿望的满足。　④乖别：分别，背离。　⑤何繇日夕见姊：有什么方法、什么时候能日夜见到姐姐。繇，由。

## 译文

即使年复一年地在一起相处，也可以当作是一日之欢。经常遗憾不能极尽那种额头触着额头的欢畅。正想着要和表姐成双成对，白头偕老，哪知道命运背离到这个地步！这些情绪堵塞在我的心里，实在是很伤心啊，什么时候才能再见到表姐呢？我只能仰首悲叹低头呜咽，实在没有办法啊，恐怕只能等到我断气吧。

別郤氏妻書　王献之

　　王献之与表姐郗道茂，二人青梅竹马，两家便成二人之好，使他们结为夫妻。王献之风流蕴藉，乃一时之冠，东晋简文帝司马昱女儿新安公主司马道福仰慕已久，便离婚要求皇帝把她嫁给王献之。皇帝下旨让王献之休掉郗道茂，再娶新安公主。王献之用尽办法仍无济于事，只好忍痛休了发妻郗道茂。

　　这封书信即是王献之写给其表姐兼前妻郗道茂的，信中道不尽相思之情，以及对往昔幸福婚姻生活的深情怀念。如今命运乖背至此，只能唏嘘长叹悲泣。王献之直到晚年，仍对休妻一事念念不忘。据《世说新语·德行》记载：王子敬病笃，道家上章应首过，问子敬："由来有何异同得失？"子敬云："不觉有余事，惟忆与郗家离婚。"

**学问思辨**

　　少年夫妻情深，至晚年仍念念不忘，实感人至深。你看过其他内容相似的古今中外的诗、文、书信或小说吗？跟你的同学或朋友分享一下吧！

# 三　说鬼谈神，痴心谁解

## 董永①

《搜神记》

汉董永，千乘人。少偏孤②，与父居。肆力田亩③，鹿车④载自随。父亡，无以⑤葬，乃自卖为奴，以供丧事。主人知其贤，与钱一万，遣⑥之。永行三年丧毕，欲还主人，供其奴职。

道逢一妇人曰："愿为子妻。"遂与之俱⑦。主人谓永曰："以钱与君矣。"永曰："蒙君之惠，父丧收藏⑧。永虽小人⑨，必欲服勤⑩致力，以报厚德。"主曰："妇人何能？"永曰："能织。"主曰："必尔⑪者，但令君妇为我织缣（jiān）⑫百匹。"于是永妻为主人家织，十日而毕。女出门，谓永曰："我，天之织女也。缘君至孝，天帝令我助君偿债耳。"语毕，凌空⑬而去，不知所在。

## 注释

①选自晋干宝撰、汪绍楹校注《搜神记》，中华书局1979年版。②偏孤：失去了父亲或母亲，这里指董永失去了母亲。 ③肆力田亩：全心种田。 ④鹿车：古时候一种小车。 ⑤无以：没有什么东西用来。 ⑥遣：打发走。 ⑦俱：一起。 ⑧收藏：收葬。 ⑨小人：贫穷无知的人。 ⑩服勤：勤劳服侍。 ⑪必尔：一定要这样。 ⑫缣：细绢。 ⑬凌空：升向天空。

## 译文

汉朝董永，是千乘人。小时候母亲就死了，和父亲一起生活。（父子一起）尽力种地，（董永）用小车载着父亲，自己跟在（小车）后面。父亲去世了，（董永家贫）没有什么东西来埋葬他，（董永）就自己卖身为奴婢，用（卖身的钱）来办丧事。主人知道他贤德，给了他一万钱，打发他走了。董永行完了三年守丧之礼，要回到主人家，去做奴婢。

（董永）在路上碰到一个女子（对他）说："（我）愿意做你的妻子。"于是董永就和她一起（到主人家去了）。主人对董永说："（我）把钱给了你了。"董永说："蒙受您的恩惠，（使我）父亲能够被收葬。

我虽然是贫穷的人，一定要勤劳服侍尽心尽力，来报答您的大恩大德。"主人说："（这位）妇人会做什么？"董永说："会织布。"主人说："一定要这样的话，只让你的妻子替我织一百匹细绢（就行了）。"于是，董永的妻子给主人家织绢，十天织完了。女子走出门，对董永说："我，是天上的织女。因为你最孝顺，天帝让我帮助你偿还债务。"说完，就升上高空离去了，不知到了哪儿。

阅读提示

这一神话故事讲了董永年少时母亲去世，他"肆力田亩，鹿车载自随"，从小勤劳，孝敬父亲。母亲死后，为安葬其父，"自卖为奴"，主人知其贤"与钱一万"。董永"行三年丧毕，欲还主人，供其奴职"，这是尽孝尽职的重要一笔，从而引出道逢一妇人，愿做他妻，"遂与之俱"一事。而永妻"为主人家织，十日而毕"是遂董永孝敬之愿。故事最后由天之织女道出"缘君至孝，天帝令我助君偿债"，是进一步显示出孝道感天动地的巨大力量。此则故事后来被演化为七仙女下凡、天仙配、董永遇仙等民间故事和话本小说。

你听过七仙女的故事吗？和本篇所选《董永》的内容相比，有什么不同？

董 永 《搜神记》

# 三王墓①

《搜神记》

楚干（gān）将、莫邪（yé）②为楚王作剑，三年乃成。王怒，欲杀之。剑有雌雄。其妻重（chóng）身③当产。夫语妻曰："吾为王作剑，三年乃成。王怒，往必杀我。汝若生子是男，大，告之曰：'出户望南山，松生石上，剑在其背。'"于是即将④雌剑，往见楚王。王大怒，使相之："剑有二，一雄一雌，雌来，雄不来。"王怒，即杀之。

莫邪子名赤比，后壮，乃问其母曰："吾父所在？"母曰："汝父为楚王作剑，三年乃成。王怒，杀之。去时嘱我：'语（yù）⑤汝子：出户望南山，松生石上，剑在其背。'"于是子出户南望，不见有山，但睹（dǔ）堂前松柱下，石低⑥之上。即以斧破其背，得剑。日夜思欲报楚王。

王梦见一儿，眉间广尺⑦，言："欲报雠（chóu）。"王即购之千金⑧。儿闻之，亡去⑨。入山行歌。客有逢者，谓："子年少，何哭之甚悲耶？"曰："吾干将、莫邪子也，楚王杀吾父，吾欲报之！"客曰："闻王购子头千金。将子头与剑来，为子报之。"儿曰："幸甚！"即自刎，两手捧头及剑奉之，立僵⑩。客曰："不负子也。"于是尸乃仆⑪。

客持头往见楚王，王大喜。客曰："此乃勇士头也，当于汤镬（huò）⑫煮之。"王如其言。煮头三日三夕，不烂。头踔（chuō）⑬出汤中，踬（zhì）目⑭大怒。客曰："此儿头不烂，愿王自往临视⑮之，是⑯必烂也。"王即临之。客以剑拟⑰王，王头随堕汤中⑱，客亦自拟己头，头复堕汤中。三首俱烂，不可识别。乃分其汤肉葬之，故通名"三王墓"。今在汝南北宜春县⑲界。

## 注释

①选自晋干宝撰、汪绍楹校注《搜神记》，中华书局1979年版。②干将、莫邪：夫妻二人，擅长铸剑。 ③重身：身中有身，即怀孕。 ④将：携带，拿。 ⑤语：告诉。 ⑥砥：通"砥"，柱下基石。 ⑦眉间广尺：双眉之间有一尺宽的距离。这是夸张的说法，形容额头很宽。 ⑧购之千金：购之以千金。用千金来买他。 ⑨亡去：逃离。 ⑩立僵：直立不动。 ⑪仆：倒下。 ⑫镬：形状像鼎而没有足，秦汉时用作刑具，用来烹煮有罪之人。 ⑬踔：跳，跳跃。这里指在滚水中腾跃。 ⑭瞋目：疑为"瞋（chēn）目"，睁大眼睛。 ⑮自往临视：亲自到镬旁观看。临视，往下看。 ⑯是：这样。 ⑰拟：比准，对准。 ⑱堕：落下。汤：热水。 ⑲北宜春县：在今河南汝南西南，西汉时名宜春，北汉时改名北宜春。

## 译文

楚国干将、莫邪夫妇二人为楚王铸剑，三年才铸成。楚王发怒，想要杀了他。剑有雌雄两把。当时妻子怀孕快要生了，丈夫对妻子说："我给楚王铸剑，三年才铸成。楚王发怒了，我去了（他）一定会杀掉我。你生下孩子，如果是男的，（等他）长大后，告诉他：'出门看南山，松树生长在石头上，剑在它的背面。'"于是就拿着雌剑，去参见楚王。楚王非常生气，叫（人）仔细检查。那个人说："剑有两把，一把雌剑一把雄剑，雌剑带来了，雄剑没有带来。"楚王发怒了，就把干将杀了。

莫邪生下了儿子，名字叫赤比。后来成人了，就问他母亲说："我父亲在哪里？"（他）母亲说："你父亲为楚王铸剑，三年才成功。楚王发怒，就杀了他。（他）离开的时候嘱咐我：'告诉你的儿子：出门看南山，松树生长在石头上，剑就在它的背面。'"于是儿子走出门，往南看，没有看见山，只见堂前松柱下，有一个基石。于是他就用斧头砸开它的背后，得到了雄剑。他日夜都想找楚王报仇。

楚王做梦见到一个男孩，眉间广阔，有一尺宽，说："（我）要报仇。"楚王当即悬赏千金捉拿（他）。赤比听说了这件事，便逃走了，跑进山里边走边唱。碰到一位侠客，说："你年纪轻轻的，怎么哭得这样伤心？"赤比说："我是干将、莫邪的儿子。楚王杀了我的父亲，我想找他报仇！"侠客说："（我）听说楚王悬赏千金购买你的脑袋，请把你的脑袋和剑都交给我，（我）为你报仇。"赤比说："我太幸运了！"于是（赤比）就自杀了，双手捧着脑袋和剑给他，尸体却僵立在那里不倒下。侠客说："（我）决不会辜负你！"这样，尸体才倒下。

侠客提着（赤比的）脑袋去见楚王。楚王非常高兴。侠客说："这是勇士的头颅，应该用大汤锅煮它。"楚王照着他的话（做了）。煮了三天三夜也煮不烂，头还跳出汤锅，瞪着眼睛充满愤怒。侠客说："这小孩的头煮不烂，请大王亲自到锅边看一下，这样就一定能煮烂了。"楚王就走近去看，侠客用宝剑对准楚王（的脑袋），楚王的脑袋随后就掉进了热水里，侠客也（用剑）对准了自己的头，（侠客的）头也掉进热水中。三个脑袋都煮烂了，不能辨别。于是就把肉汤分成了三份埋葬了，都称为"三王墓"。现在（墓）在汝南北宜春界内。

三王墓

《搜神记》

这是一个著名的神话传说，出自干宝的志怪小说集《搜神记》。

干将，春秋时期吴国人，是历史上铸剑的名匠，曾为吴王铸剑。后与其妻莫邪奉命为楚王铸宝剑两把，一曰干将，一曰莫邪（也作镆铘）。干将估计会因为铸剑时间太长而惹怒楚王，被楚王所杀害，所以准备将雌剑献与楚王，将雄剑传给儿子，后来果然被楚王杀害。其子赤比成人后，立志为父报仇，后来在一个侠客的帮助下，三人的头被煮在一个鼎锅中，楚王的手下只能把肉汤分为三份埋葬了，这也是"三王墓"故事的来源。

传说现在此剑被藏于姑苏虎丘。虎丘位于现苏州城的西北郊，相传春秋时吴王夫差葬其父吴王阖闾于此。灵柩外铜椁三重，池中灌注水银，以阖闾生前喜爱的宝剑一同秘藏于幽宫深处。吴国灭亡后的数百年间，越王勾践、秦始皇、东吴孙权，曾先后来此探宝求剑，结果都一无所获，徒劳而返。建国以后，1955年苏州市政府设立"园林古迹整修委员会"曾疏浚剑池。抽干水后，在池北最狭处发现一丈多长的隧道。尽头竖有石板，形似墓门。为不致影响上方云岩寺塔的安全，未深入发掘，随即封没，直至现在，世人对"剑池"中的情况依然毫无了解。

鲁迅先生的小说《铸剑》(收入《故事新编》之中),说的也是这个故事,阅读两篇文章,进行对比。

三王墓

《搜神记》

吴末，临海人入山射猎，为舍②住。夜中，有一人，长一丈，著黄衣，白带，径③来谓射人曰："我有仇，克④明日当战。君可见助⑤，当厚相报。"射人曰："自可助君耳，何用谢为⑥。"答曰："明日食时，君可出溪边。敌从北来，我南往应。白带者我，黄带者彼。"射人许之。明出，果闻岸北有声，状如风雨，草木四靡(mǐ)⑦。视南亦尔。唯见二大蛇，长十余丈，于溪中相遇，便相盘绕。白蛇势弱。射人因引弩(nǔ)射之，黄蛇即死。日将暮，复见昨人来，辞谢云："住此一年猎，明年以去，慎勿复来，来必为祸。"射人曰："善。"遂停一年猎，所获甚多，家至巨富。数年后，忽忆先⑧所获多，乃忘前言，复更往⑨猎。见先白带人告曰："我语君勿复更来，不能见用。仇子已大，今必报君。非我所知。"射人闻之，甚怖，便欲走，乃见三乌衣人，皆长八尺，俱张口向之，射人即死。

## 注释

①选自汪绍楹校注《搜神后记》卷十"乌衣人"条，中华书局1981年版。　②舍：房屋。　③径：直接。　④克：限定，约定。　⑤见助：帮助我。　⑥何用谢为：何用……为？哪里用得上……呢？　⑦四靡：四面倒下。　⑧先：先前，以前。　⑨更往：再一次去。

## 译文

三国时期东吴末年，临海有个人进山打猎，（在山里）修建了一间房屋来住。夜里，有一个人身高一丈，穿着黄色的衣服，系着白色的腰带，径直来对射猎的人说："我有仇人，约定明天决战。你可以来帮助我，定当重重地报答你。"射猎人说："我自然可以帮助你，哪里用得着你报答我？"（黄衣人）回答说："明天吃早饭的时候，你可以出来到溪边上。敌人从北边来，我从南面去应战。（系）白色腰带的是我，（系）黄色腰带的是他。"射猎人应许了。第二天，（射猎人）出去，果然听见溪河北岸有声音，如同风雨一样，草木向四面纷纷倒下。看南面也是这样。只看见两条大蛇，长十多丈，在溪中相遇，于是互相盘踞缠绕。系白色腰带的蛇力量弱，射猎人于是拉开弓箭射黄腰带的蛇，系黄色腰带的蛇很快就死去了。天快要黑的时候，射猎人看见昨天的那个人又来了，（向射猎人）辞别答谢道："你住在这里打猎一年，明年就离开，谨记不要再回来了，再回来一定有灾祸。"射猎人说："好的。"于是（在这里）停留一年打猎，所收获的非常丰富，家产达到了巨富（的水平）。几年之后，（射猎人）忽然忆起从前所收获的那么多，于是就忘掉了以前（系白腰带人说）的话，又去（那个地方）打猎。（射猎人）见到以前那个系白腰带的人来告诉他说："我告诉你不要再来，你却不听我的话。仇人的孩子已经长大，现在一定会来找你报仇。（后果）就不是我所知道的了。"射猎人听了他的话，非常害怕，想要离开。（这时）就看见三个穿黑衣服的人，全都有八尺高，全部张开嘴对准射猎人，射猎人很快就死了。

**阅读提示**

　　这是一篇神怪传说故事，教导世人做人要诚信、重然诺，不可贪婪不满足，以致招致"人为财死"的祸患。选文中的射猎人在白蛇的请求下，帮助白蛇射箭射死了黄蛇，白蛇以帮助射猎人在山里打猎一年作为报答，射猎人因此发家致富，后来下山过着富足的生活，这段恩怨本应到此结束。可是后来射猎人却不遵守承诺再次来到山里打猎，结果被黄蛇的后人杀害。这段黄蛇、白蛇和射人三方的恩怨故事中，蛇已具有了人形和人的秉性：求助、报恩、报仇，其中蕴含的寓意更为显豁。

## 学问思辨

看完这个故事，你的收获是什么？"射人"是一个什么样的人？

## 学而第一注 ①

何　晏

1·1子曰："学而时习之，不亦说乎？

[马曰，子者，男子之通称，谓孔子也。王曰，时者，学者以时诵习之，诵习以时，学无废业，所以为说怿。]

有朋自远方来，不亦乐乎？

[包曰，同门曰朋。]

人不知，而不愠，不亦君子乎？"

[愠，怒也。凡人有所不知，君子不怒。]

1·2有子曰："其为人也孝弟，而好犯上者，鲜矣；

[孔子弟子有若。鲜，少也。上，谓凡在己上

者。言孝弟之人必恭顺。好欲犯其上者少也。]

不好犯上，而好作乱者，未之有也。君子务本，本立而道生。

[本，基也。基立而后可大成。]

孝弟也者，其为仁之本与！"

[先能事父兄，然后仁道可大成。]

1·3子曰："巧言令色，鲜矣仁！"

[包曰，巧言，好其言语。令色，善其颜色。皆欲令人说之，少能有仁也。]

1·4曾子曰："吾日三省吾身，为人谋而不忠乎？与朋友交而不信乎？传不习乎？"

[马曰，弟子曾参。言凡所传之事，得无素不讲习而传之。]

1·5子曰："道千乘之国，

[马曰，道谓为之政教。司马法，六尺为步，步百为亩，亩百为夫，夫三为屋，屋三为井，井十为通，通十为成，成出草车一乘，然则千乘之赋，其地千城，居地方三百一十六里有畸，唯公侯之封，乃能容之，虽大国之赋，亦不是过焉。包曰，道，

治也。千乘之国者，百里之国也。古者井田，方里为井，十井为乘，百里之国，适千乘也。融依周礼，包依王制。孟子义疑，故两存焉。]

敬事而信，

[包曰，为国者，举事必敬慎，与民必诚信。]

节用而爱人，

[包曰，节用不奢侈，国以民为本，故爱养之。]

使民以时。"

[包曰，作事使民，必以其时，不妨夺农务。]

1·6子曰："弟子入则孝，出则悌，谨而信，泛爱众，而亲仁。行有余力，则以学文。"

[马曰，文者，古之遗文。]

1·7子夏曰："贤贤易色；

[孔曰，子夏，弟子卜商也。言以好色之心好贤则善。]

事父母，能竭其力，事君，能致其身；

[孔曰，尽忠节，不爱其身。]

与朋友交，言而有信。虽曰未学，吾必

谓之学矣。"

1·8子曰："君子不重，则不威。学则不固。

[孔曰，固，蔽也。一曰，言人不能敦重，既无威严，学又不能坚固识其义理。]

主忠信。无友不知己者。过则勿惮改。"

[郑曰，主，亲也；惮，难也。]

1·9曾子曰："慎终追远，民德归厚矣。"

[孔曰，慎终者，丧尽其哀。追远者，祭尽其敬。君能行此二者，民化其德，皆归于厚也。]

①选自《汉魏古注十三经》，中华书局1998年版。

译文

1.1孔子说："学习并且按时地练习，不是很高兴吗？有志同道合的朋友从远方而来，不是很高兴的事吗？人家不了解我，我也不恼怒，不也是一个君子吗？"

1.2有子说："一个人，如果为人孝顺父母、顺从兄长，而喜欢触犯上级，这样的人是很少见的；（一个人，如果）不喜欢触犯上级，而喜欢作乱，这样的人是没有的。君子专心致力于根本的东西，根本建立了，做事做人的大道也就有了。孝顺父母、顺从兄长，这就是仁的根本啊！"

1.3孔子说："花言巧语，有好的脸色，这种人的仁心就很少了。"

1.4曾子说："我每天反省自己很多次，为别人办事是不是尽心了呢？和朋友交往是不是诚实了呢？老师传授给我的东西是不是练习了呢？"

1.5孔子说："治理一个有一千辆兵车的国家，就要严谨地办事而又有信用，节约开支而又爱护人民，役使百姓要根据农时。"

1.6孔子说："弟子们在父母面前就要孝顺父母；出门在外要顺从老师和兄长；言行谨慎，言行一致；要广泛地去爱众人，亲近那些有仁德的人。这样实践之后，如果还有余力，就再去学习课本知识。"

1.7子夏说："一个人能够看重贤德胜过女色；侍奉父母，能竭尽全力；侍奉君主，能够献出生命；同朋友交往，说了就一定有信用。这样的人，尽管他说自己没有学习过，我一定说他已经很有学问了。"

1.8孔子说："君子不庄重，就没有威严；学习知识就不能坚固（掌握）；以忠信为主，不要同和不如自己的人交朋友；有了过错，就不要怕改正。"

1.9曾子说："谨慎地对待父母的逝去，追念久远的祖先，老百姓自然会渐渐忠厚老实了。"

　　集解中所集八家训注，分别是包咸注、周氏注、孔安国注、马融注、郑康成注、陈群注、王肃注及周生烈注（据《论语集解》自序）。本篇我们节选了何晏《论语集解》学而第一篇的前九则，其中有"马曰""包曰""孔曰""郑曰"，"融依……，包依……"即是指马融、包咸、孔安国、郑康成（也即郑玄），"融"即"马融"。

　　根据集解内容，我们可以知道它们基本包括了字词注释、句义讲解、文意疏通和道理讲解。比如在"子曰：'巧言令色，鲜矣仁！'"下"包曰，巧言，好其言语。令色，善其颜色。皆欲令人说之，少能有仁也"，其中"巧言，好其言语。令色，善其颜色"是对字词的解释，而"皆欲令人说之，少能有仁也"则是讲解句义背后的道理。"子曰：'君子不重，则不威。学则不固。'""孔曰……言人不能敦重，既无威严，学又不能坚固识其义理。"孔融的注解包括了句义讲解和文意疏通。

如果你已经读过《论语》，想对它的字句和所表达的道理做更确切的理解，可以细细读读何晏《论语集解》。

# 《老子注》二章<sup>①</sup>

## 王　弼

　　天下皆知美之为美，斯恶已；皆知善之为善，斯不善已。故有无相生，难易相成，长短相较，高下相倾，音声相和，前后相随。

　　〔美者，人心之所进乐也；恶者，人心之所恶疾也。美恶犹喜怒也，善不善犹是非也。喜怒同根，是非同门，故不可得而偏举也。此六者，皆陈自然，不可偏举之明数也。〕

　　是以圣人处无为之事，

　　〔自然已足，为则败也。〕

　　行不言之教，万物作焉而不辞，生而不有，为而不恃，

　　〔智慧自备，为则伪也。〕

　　功成而弗居。

　　〔因物而用，功自彼成，故不居也。〕

　　夫唯弗居，是以不去。

　　〔使功在己，则功不可久也。〕

217

①选自东京文求堂印行《老子王弼注》。

译文

天下人都知道什么是美的时候，丑就出来了；天下人都知道什么是善的时候，恶就产生了。

所以，"有"和"无"互相依靠而存在，困难和容易互相对立而成就（彼此），长和短相互比较而显现出来，高和下互相对比，音和声互相搭配（才显得和谐动听），前和后相互跟随才有了顺序。

所以，圣人用"无为"的准则来处理世事，不用语言（而用身教）教导别人，（这就像天地）让万物按照自然生长而不创造它们，生养了万物而不据为己有，有所作为但不依仗它。正因为他不居功，所以功劳也不离开他。

阅读提示

《老子》书中包括大量朴素辩证法观点。本篇节选部分的"有无相生，难易相成，长短相较，高下相倾，音声相和，前后相随"即体现了一切事物所具有的正反两面的互相对立和依存性。世间事物均为"有"与"无"之统一，"难"与"易"之统一、"长"与"短"之统一、"高"与"下"之统一，就像声音和回声对立而互相依存着存在，就像有了"前"才有了"后"一样。老子的辩证学说对中国哲学发展具有深刻影响。

## 学问思辨

　　《老子》五千言，处处体现了思辨的力量与智慧，细细品读，说说你的体会。

# 第四单元 南北朝卷

　　与善人居，如入芝兰之室，久而自芳也；与恶人居，如入鲍鱼之肆，久而自臭也。

# 一 谈有谈空，万法归一

## 《晋邺中竺佛图澄》节选[①]

释慧皎

　　澄闲坐叹曰："后二日当有一小人惊动此下。"既而襄国人薛合有二子，既小且骄。轻弄[②]鲜卑奴。奴忿，抽刃刺杀其弟，执兄于室，以刀拟心[③]，若人入屋，便欲加手。谓合曰："送我还国，我活汝儿。不然，共死于此。"内外惊愕，莫不往观。勒乃自往视之，谓薛合曰："送奴以全卿子，诚为善事。此法一开，方为后害。卿且宽情，国有常宪。"命人取奴，奴遂杀儿而死。鲜卑段波攻勒。其众甚盛。勒惧问澄，澄曰："昨寺铃鸣云：明旦食时，当擒段波。"勒登城望波军，不见前后。失色曰："军行地倾，波岂可获！是公安我辞耳。"更遣夔（kuí）安问澄，澄曰："已获波矣。"时城北伏兵出，遇波，执之。澄劝勒宥（yòu）波，遣还本国。勒从之，卒获其用。

……

虎尝昼寝，梦见群羊负鱼从东北来。寤④以访澄，澄曰："不祥也。鲜卑其有中原乎？"慕容氏后果都之。澄又尝与虎共升中堂，澄忽惊曰："变！变！幽州当火灾。"仍取酒洒之。久而笑曰："救已得矣。"虎遣验，幽州云："尔日火纵⑤四门起，西南有黑云来，骤雨灭之，雨亦颇有酒气。"

**注释**

①选自释慧皎《高僧传》卷（《汤用彤全集》第九卷，河北人民出版社2000年版）。 ②轻弄：欺负。 ③以刀拟心：用刀比着心脏的位置。 ④寤：醒来。 ⑤火纵：火势很大。

## 译文

竺佛图澄闲坐着感叹说："接下来两天会有一个小孩儿惊动这个地方。"后来，襄国人薛合有两个儿子，年龄小但是有傲气。（他们）欺负了鲜卑奴。鲜卑奴很愤怒，拿起刀刺杀了两个人中的弟弟，在屋子中拿哥哥（做人质），把刀子放在胸口，如果有人进入屋子，便想要动手。（他）对薛合说："你送我回我的国家，我就放了你儿子。不然，我们一起死在这里。"所有的人都很吃惊，没有不前去围观的。石勒就亲自去现场看，（他）对薛合说："送这个鲜卑奴回去，来保全你儿子，固然是好事。然而这个道路一开，（恐怕）会给后面造成恶劣的影响。你暂且放宽心，国有国法。"于是就让人捉拿这个鲜卑奴，鲜卑奴就杀死薛合的儿子然后自杀。鲜卑族的段波（因此）攻打石勒。人马众多。石勒害怕而问竺佛图澄，澄说："昨天寺里的铃铛响了（意思是）：明天早上吃饭的时候，应该会擒拿段波。"石勒登上城墙遥望段波的军队，不见头尾，大惊失色说："军队所到之处土地都沦陷了，段波哪里可以擒获呢？不过是竺佛图澄安慰我的话罢了。"于是就又派夔安问竺佛图澄，竺佛图澄说："已经擒获段波了。"当时城北的伏兵出击，遇到段波，就擒拿了他。竺佛图澄劝石勒放了段波，遣送回国。石勒听从了（他的建议），最后也很有用。

……

石虎曾经白天睡觉，梦到很多羊驮着鱼从东北方向而来，醒来就拿这个梦拜访竺佛图澄，竺佛图澄说："不祥。鲜卑恐怕要占领中原了吧？"慕容氏后来果然在这里建都。竺佛图澄曾经和石虎一起走进中间堂屋，竺佛图澄忽然吃惊地说："变！变！幽州应该是有火灾了。"

于是拿来酒，洒在地上。很长时间（之后），他笑着说："（幽州）已经得救了。"石虎派人去验证，幽州的消息说："那一天，火势很大，从四个门起来，（这时候），西南有黑云飘过来，下了一阵急雨把火浇灭了，雨还有股酒的味道。"

**阅读提示**

《高僧传》，南朝梁代僧人慧皎撰。慧皎，浙江上虞人，居会稽嘉祥寺。此书记载了自东汉永平至梁代天监间著名僧人的传记，共13卷。

《高僧传》对研究汉魏六朝文学有多方面的作用。首先，它记载了佛教传入中国及佛经翻译文学的情况。其次，记载了许多文人和佛教僧侣的交往以及他们受佛教影响的情况，如支遁和孙绰、许询、王羲之等人的来往及慧远与谢灵运等人的关系。再次，此书在记述一些僧侣事迹时，也写到了他们的文学活动。还有像"经师"部分记述佛教徒诵经声调问题，颇受研究者重视，认为与四声说的兴起有密切关系；"唱导"部分的总论叙述南朝佛教徒利用讲唱形式宣扬教义的情形，也经常被研究俗文学的学者引用。此外，书中还载有不少志怪小说及宗教故事，如史宗等故事，也常被唐代诗人当作典故使用。

本篇所选部分表现了竺佛图澄对事情进展的预言，这种高僧的预言能力，《西游记》中有很好的继承。

作者讲述预言应验的故事有何目的？请查阅资料进行探究。

第四单元　南北朝卷

# 二　温文尔雅，名士家风

## 《颜氏家训》二则

颜之推

### 慕贤第七（节选）①

古人云："千载一圣，犹旦暮也；五百年一贤，犹比髆（bó）②也。"言圣贤之难得，疏阔③如此。傥遭不世④明达君子，安可不攀附景仰之乎？吾生于乱世，长于戎马，流离播越⑤，闻见已多；所值名贤，未尝不心醉魂迷向慕之也。人在少年，神情未定，所与款狎（xiá）⑥，熏渍陶染，言笑举动，无心于学，潜移暗化，自然似之；何况操履艺能，较明易习者也？是以与善人居，如入芝兰之室，久而自芳也；与恶人居，如入鲍鱼之肆，久而自臭也。墨子悲于染丝⑦，是之谓矣。君子必慎交游焉。孔子曰："无友不如己者。"颜、闵之徒，何可世得！但优于我，便足贵之。

世人多蔽⑧，贵耳贱目，重遥轻近。少长周旋⑨，如有贤哲，每相狎侮，不加礼敬；他乡异县，微藉风声，延颈企踵（zhǒng）⑩，甚于饥渴。校其长短，核其精粗，或彼不能如此矣。所以鲁人谓孔子为东家丘⑪，昔虞国宫之奇⑫，少长于君，君狎之，不纳其谏，以至亡国，不可不留心也。

用其言，弃其身，古人所耻。凡有一言一行，取于人者，皆显称之，不可窃人之美以为己力；虽轻虽贱者，必归功焉。窃人之财，刑辟之所处⑬；窃人之美，鬼神之所责。

**注释**

①选自颜之推《颜氏家训·慕贤第七》（王利器《颜氏家训集解》，中华书局1993年版）。　②比髆：肩膀挨着肩膀，说明人多。　③疏阔：

稀疏。　④不世：不是一世所能见到的。　⑤流离播越：流转迁徙。
⑥款狎：亲近，亲昵。　⑦墨子悲于染丝：《墨子·所染》："子墨子言
见染丝者而叹曰：染于苍则苍，染于黄则黄，所入者变，其色亦变，
五入必，而已则为五色矣。故染不可不慎也！"　⑧蔽：蒙蔽。此处
为"被蒙蔽"之义。　⑨周旋：交往。　⑩延颈企踵：伸着脖子，踮
着脚后跟。　⑪东家丘：据《孔子家语》载，孔丘的西邻不知孔丘的
才学出众，轻蔑地称之为"东家丘"。指对人缺乏认识，缺乏了解。
⑫官之奇：春秋时虞国人，忠心耿耿辅佐虞国国君，有远见卓识，但
虞国君不听官之奇的劝谏，借道给晋国攻打虢国，最终被晋国所灭。
"假道伐虢""唇亡齿寒"两个成语都与他有关。　⑬刑辟之所处：这
是刑法所处罚的。

## 译文

　　古人说："一千年出一位圣人，（近得）像早上和晚上一样；五百
年出一位贤人，密得像肩碰肩一样。"这是说圣人贤人是如此稀少难
得。倘若遇到世间所少有的明达君子，怎能不攀附景仰啊？我出生在
战乱之世，生长在战马之间，迁移流亡，见闻很多；遇上名流贤士，
没有不心醉魂迷地向往仰慕他。人在少年的时候，精神意态都还没有
定型，和朋友交往亲密，受到熏渍陶染，别人的一言一笑一举一动，
即使不是有意识地去学习，也会潜移默化，自然像他；更何况人家的
操守德行和本领技能，是更明显容易学习的东西呢？因此，和善人相
处，就好像进入养育芝草兰花的花房，时间一长自己也变得芳香起
来；与恶人相处，就好像进入卖干鱼的市场，时间一长自己也变得腥
臭起来。墨子看到染丝的情况，感叹丝染在什么颜色里就会被染成什
么颜色，说的就是这个意思。所以君子必须谨慎地交友。孔子说："不

要和不如自己的人交朋友。"像颜回、闵损那样的人，哪能每一代都有，只要有胜过我的地方，就很可贵。

世上的人大多壅蔽，重视所听到的而轻视所看到的，重视远处的而轻视身边的。从小到大往来的人中，如果有了贤士哲人，也往往轻慢，不尊敬。对在其他地方的人，稍稍听到名声，就会伸长脖子、踮起脚跟，（那种企望的样子，）比饥渴更厉害，比较二者的短长，审察二者的精粗，很可能远处的还不如身边的。这就是为什么鲁人会把孔子叫作"东家丘"。从前虞国的宫之奇，年龄稍长于虞君，虞君就轻视他，不接纳他的劝谏，最后到了亡国的地步，不可以不留心呀。

（一个人如果）采用了别人的意见，却又抛弃了这个人，这是古人觉得可耻的。凡有一句话一个事情，是从别人那里得到（成功）的，都应该明确说出来，不可以窃取他人的成果，当成自己的功劳。即使是地位低下、贫贱的人，也一定要肯定他的功劳。窃取别人的财物，会遭到刑罚处置；窃取别人的成果，会被鬼神谴责。

**阅读提示**

《颜氏家训》是我国南北朝时北齐文学家颜之推的代表作。他结合自己的人生经历、处世哲学，写成《颜氏家训》一书告诫子孙。《颜氏家训》是我国历史上第一部内容丰富、体系宏大的家训，也是一部学术著作。该书除阐述立身治家的方法，如对孩子的早期教育外，还对儒学、文学、佛学、历史、文字、民俗、社会、伦理等方面提出了自己独到的见解。

此书共七卷，二十篇。分别是序致第一、教子第二、兄弟第三、后娶第四、治家第五、风操第六、慕贤第七、勉学第八、文章第九、名实第十、涉务第十一、省事第十二、止足第十三、诫兵第十四、养心第十五、归心第十六、书证第十七、音辞第十八、杂艺第十九、终制第二十。

本篇节选自《颜氏家训·慕贤第七》，颜之推在此篇劝诫颜氏弟子要追慕贤人，与贤人为伍，在潜移默化中提高自己的德行操守和本领技能。贤人无论远近，如果是贤人，即使在身边，也要仰慕，不可轻慢。历史上不辨贤愚，不听忠贤之言而亡国的教训比比皆是，因此一定要以史为鉴。对于贤人要做到彻底的尊重，不因他的社会地位和财富而变化，只以才华论英雄，这样才能真正对自己有所裨益。

学问思辨

对贤人的追慕古已有之，曹操在《短歌行》中曾表现出对贤人的热切渴望，熟读《短歌行》，找出曹操表达追慕贤人的句子。

# 勉学第八（节选）[1]

夫明六经[2]之指，涉百家之书，纵不能增益德行，敦厉风俗，犹为一艺，得以自资。父兄不可常依，乡国不可常保，一旦流离，无人庇荫，当自求诸身耳。谚曰："积财千万，不如薄伎（jì）在身。"伎之易习而可贵者，无过读书也。世人不问愚智，皆欲识人之多，见事之广，而不肯读书，是犹求饱而懒营馔（zhuàn）[3]，欲暖而惰裁衣也。夫读书之人，自羲（xī）、农[4]已来，宇宙之下，凡识几人，凡见几事，生民之成败好恶，固不足论，天地所不能藏，鬼神所不能隐也。

## 注释

①选自颜之推《颜氏家训·勉学第八》（王利器《颜氏家训集解》，中华书局1993年版）。　②六经：《诗经》《尚书》《礼经》《乐经》《周易》《春秋》等六部经典的统称。　③营：经营置办。馔：吃食。　④羲、农：伏羲氏和神农氏。

## 译文

了解六经的要旨，阅读百家的著作，即使不能有益于自己的道德品行，敦厚社会风俗，也算是一技之长，可以用它来帮助自己。父母兄长不能一直依靠，家乡国家也不是可以一直保持安定的，如果有一天（家人）流离失散了，没有人来保护你了，（这时候）应该求助于自己。谚语说："积累钱财千万，不如学一技之长。"技艺中最容易学习而可珍贵的，没有比读书更好的了。世上的人不管是愚昧还是智慧的，都想认识很多的人，见识各种各样的事，但是如果不肯读书，那样就像想吃饱但却懒得去做饭，想穿得暖但却懒得去裁衣服。爱读书的人，从伏羲氏、神农氏以来，在宇宙之下，认识了多少人，见识了多少事，看到了人类的成败与好恶，这些就不用说了，就是天地和鬼神的事，（在他面前）也都不能隐藏起来，（而非常清楚）。

### 阅读提示

"勉学"篇的主旨是劝世人多读书、学习。颜之推殷殷教导颜氏后人要以读书为业，明晓古籍，即使不能做个德行高尚的圣人君子，也至少有个一技之长以立身于社会，而必不依靠祖辈荫庇，甚至在乱世也可以保全自己。世人对于智慧的追求从未中断，然而却不想读书以增广见识，这不是南辕北辙吗？千年前的道理，现在来看，也依然实用。叮嘱句句殷切，读来令人不禁感动于其用心之良苦！

古人说"书中自有黄金屋，书中自有颜如玉"，从颜之推的角度来看，不一定要求孩子有黄金屋和颜如玉，而是要有纯朴的性格，有见多识广阅尽古今的智慧，有读书的爱好和好习惯，有薄技在身价值。请结合你自己的生活体验，谈谈你对颜之推"勉学"的理解。

# 《世说新语》七则

刘义庆

## （一）范宣受绢①

范宣②年八岁，后园挑菜，误伤指，大啼。人问："痛邪？"答曰："非为痛，身体发肤，不敢毁伤③，是以啼耳。"宣洁行廉约，韩豫章④遗（wèi）绢百匹，不受；减五十匹，复不受。如是减半，遂至一匹，既终不受。韩后与范同载，就车中裂二丈⑤与范云："人宁可使妇无裈（kūn）⑥邪？"范笑而受之。

### 注释

①选自《世说新语·德行》（张万起、刘尚慈《世说新语译注》，中华书局1998年版）。　②范宣：少好学，尤善三《礼》。家贫，躬耕不仕，平生以讲论为业。与当世范宁齐名，时称二范。《晋书》有传。　③身体发肤，不敢毁伤：《孝经》曰："身体发肤，受之父母，不敢毁伤，孝之始也。"意思是人的肌体是父母完好地赐予的，不能有所毁坏损伤，这是行孝道的开始。　④韩豫章：韩伯，曾作豫章太

守，故称"韩豫章"。古人的称谓中有一类是把其姓与为官地名合起来。 ⑤二丈：绢一匹四丈，二丈为半匹。 ⑥裈：裤子。

## 译文

范宣时年八岁，在后园挖菜，不小心伤了手指，就大哭起来。有人问他说："很痛吗？"他回答说："不是因为痛，身体头发和皮肤（是父母给的），不敢毁坏伤害，所以才哭呢。"范宣品行廉洁节俭，有一次豫章太守韩伯送给他一百匹绢，他不接受；减掉五十匹，还是不接受；这样一直减半，减剩下了一匹，他最终还是不肯接受。后来韩伯和范宣坐同一辆车，在车上撕下两丈（绢）给范宣，说道："一个人难道可以让他的妻子没有裤子吗？"范宣才笑着接受了。

# （二）蔡洪赴洛①

蔡洪赴洛②，洛中人问曰："幕府初开，群公辟命③，求英奇于仄陋④，采贤俊于岩穴⑤。君吴、楚之士，亡国之余⑥，有何异才而应斯举？"蔡答曰："夜光之珠，不必出于孟津之河⑦；盈握之璧，不必采于昆仑之山。大禹生于东夷，文王生于西羌（qiāng）⑧。圣贤所出，何必常处。昔武王伐纣，迁顽民于洛邑⑨，得无诸君是其苗裔乎⑩？"

**注释**

①选自《世说新语·言语》（张万起、刘尚慈《世说新语译注》，中华书局1998年版）。　②蔡洪：吴郡人，本仕吴，吴亡入晋。颇有才名。赴洛：指自吴至洛。　③群公：百官。辟命：征召，任命。　④仄陋：同"侧陋"，指出身卑微。　⑤岩穴：山洞。古代隐士多山居，故以岩穴指隐士所居住的地方。　⑥亡国之余：吴被晋所灭，故称之为"亡国之余"。　⑦夜光之珠：即隋珠，光明照夜如同白昼。孟津之河：即孟津河。　⑧大禹生于东夷，文王生于西羌：生于东夷者是舜，而不是禹。东夷，泛指东部少数民族。西羌，泛指西部少数民族，习惯上称为西戎。　⑨昔武王伐纣，迁顽民于洛邑：周武王讨伐殷纣王，建立周朝，迁徙殷商顽固遗民至洛，并派周公筑城居之，即成洛邑。　⑩得无：该不会，莫非。苗裔：后裔，后代。

**译文**

蔡洪来到洛阳，洛阳城中有人问道："官府衙署刚刚成立，百官都在征召幕僚，在出身卑微的人当中寻找英才奇士，在山野隐士中征集贤人俊杰。你是吴楚之地的读书人，亡国的遗民，有什么特殊才能来参加征召呢？"蔡洪回答说："夜明珠不一定必须出在孟津河中；满握的璧玉也不一定非要采自昆仑山上。大禹出生在东方的部落，周文王出生在西部羌人之中。圣贤之士的诞生地，为什么一定在一个固定的地方。从前周武王讨伐商纣王，把商朝愚顽的百姓迁到了洛阳，莫非各位就是他们的后代吗？"

# （三）谢公与人围棋①

谢公②与人围棋，俄而谢玄淮上信至③。看书竟，默然无言，徐向局④。客问淮上利害⑤，答曰："小儿辈大破贼。"意色举止，不异于常。

## 注释

①选自《世说新语·雅量》（张万起、刘尚慈《世说新语译注》，中华书局1998年版）。　②谢公：谢安，字安石，今河南太康人，东晋著名政治家。　③俄而：一会儿。谢玄：字幼度，谢奕子。曾率晋军大败苻坚于淝水。信：使者，传送书信的人。　④徐向局：慢慢转向棋局。　⑤淮上利害：淮水之上的胜负。公元383年，前秦苻坚大举南侵，企图灭晋，布阵淮河、淝水之间。谢安为征讨大都督，派遣其弟谢石、侄谢玄征讨，以八万兵力于淝水大败苻坚号称百万的军队，为东晋赢得几十年的安静和平。此即历史上著名的淝水之战。

## 译文

　　谢公（谢安）和一个人下围棋，一会儿，谢玄从淮水战场上来的信使到了，（谢安）看完信，沉默不说话，慢慢转向棋局。客人问他淮水战场上的胜败，（谢安）回答说："小孩子们大破贼兵。"（说话的时候）神色、举动和平时没有不同。

## （四）许掾尝诣简文①

　　许掾尝诣简文，尔夜风恬月朗，乃共作曲室②中语。襟情之咏，偏是许之所长，辞寄③清婉，有逾平日。简文虽契素④，此遇尤相咨嗟（jiē），不觉造膝⑤，共叉手⑥语，达于将旦⑦。既而⑧曰："玄度才情，故未易多有许。"

## 注释

　　①选自《世说新语·赏誉》（张万起、刘尚慈《世说新语译注》，中华书局1998年版）。　②曲室：密室。　③辞寄：言辞，寄托。④契素：情意相投。　⑤造膝：两人膝相接，表示亲近。　⑥叉手：

交手，执手。　⑦旦：日出东方，早晨。　⑧既而：不久。

### 译文

　　许掾曾经去拜见简文帝，那一夜风很静月也明亮，于是两人就一起在室中聊天。抒发胸怀，恰恰这是许掾擅长的，他的言辞、寄托都清新婉约，（言语）超过了平时。简文帝虽然一向和他相投，这次会面却更加赞赏他，（慢慢地）两人不觉促膝相谈，执手共语，一直到快天亮。之后，（简文帝）说："像玄度这样的才情，确实是不容易有很多啊！"

# （五）抚军问孙兴公①

　　抚军问孙兴公："刘真长何如？"曰："清蔚简令②。""王仲祖何如？"曰："温润恬和③。""桓温何如？"曰："高爽迈出④。""谢仁祖何如？"曰："清易令达⑤。""阮思旷何如？"曰："弘润通长⑥。""袁羊何如？"曰："洮洮（tāo tāo）清便（pián）⑦""殷洪远何如？"曰："远有致思⑧""卿自谓何如？"曰："下官才能所经，悉不如诸贤；至于斟酌时宜，笼

240

罩当世⑨，亦多所不及。然以不才，时复托怀玄胜⑩，远咏《老》《庄》，萧条高寄，不与时务经怀⑪，自谓此心无所与让也。"

# 注释

①选自《世说新语·品藻》（张万起、刘尚慈《世说新语译注》，中华书局1998年版）。　②清蔚简令：清淳有文采，简约美好。　③温润恬和：温和仁慈、恬淡闲适。　④高爽迈出：高傲豪爽，超群出众。⑤清易令达：清廉平易、善良通达。《晋书·谢尚传》说，谢尚（字仁祖）不拘小节，不为流俗之事，为政清简。　⑥弘润：指心地宽大、品性柔润。通长：指才思精深广阔。《晋书·阮裕传》说，阮裕（字思旷）以礼让为先，以德行知名，有归隐之志，不为宠辱动心。虽不博学，而论难甚精。许多方面不及别人，而兼有众人之美。　⑦洮洮：同"滔滔"，形容谈论滔滔不绝。清便：善清谈、有口才。　⑧致思：同"思致"，深邃的思想。殷洪远是殷浩的叔父殷融，善清言。　⑨斟酌时宜，笼罩当世：指考虑当世政治、把握时局。斟酌，考虑衡量。时宜，时势所宜。笼罩，洞察把握。　⑩玄胜：指玄妙的、超越世俗的境界，即玄理、老庄之道。　⑪萧条：闲逸超脱。高寄：寄情高远，实指隐居。与：同"以"，因为。经怀：萦怀。按，孙兴公（即孙绰）少有高志，早年住在会稽，游放山水十多年。

# 译文

抚军（司马里）问孙兴公（孙绰）："刘真长（刘惔）怎么样？"

（孙兴公）回答说："（语言）清新华美，（为人）简约美好。"（又问：）"王仲祖（王濛）怎么样？"孙回答："温和润泽，恬淡温和。""桓温怎么样？"孙说："高尚豪爽，神态超逸。""谢仁祖（谢尚）怎么样？"孙说："清廉平易，美好通达。""阮思旷（阮裕）怎么样？"孙说："弘毅润泽，精通广阔。""袁羊（袁乔）怎么样？"答："谈吐滔滔不绝。""殷洪远（殷融）怎么样？"答："旷远有深邃的思想。""你觉得自己怎么样？"孙兴公说："我擅长的事，都不如诸位贤人；至于考虑当代时局和形势，这也赶不上他们。然而以我这个不才的人，时时还寄情于玄虚，吟咏《老子》《庄子》，逍遥自在，不让琐事打扰我，我自认为这种心境是没有什么可退让的。

# （六）东方朔救乳母①

汉武帝乳母尝于外犯事，帝欲申宪②，乳母求救东方朔。朔曰："此非唇舌所争，尔必望济者③，将去时，但当屡顾帝，慎勿言，此或可万一冀耳④。"乳母既至，朔亦侍侧，因谓曰："汝痴耳！帝岂复忆汝乳哺时恩邪！"帝虽才雄心忍⑤，亦深有情恋，乃凄然愍（mǐn）之⑥，即敕免罪。

## 注释

①选自《世说新语·规箴》（张万起、刘尚慈《世说新语译注》，中华书局1998年版）。东方朔，汉武帝时官至太中大夫。性诙谐滑稽，善文辞。作品有《答客难》等。　②申宪：申之以法，依法处置。　③尔必望济者：你一定希望得到救助的话。济，救助。　④万一：万分之一，指些微、一点点。冀：希望。　⑤才雄心忍：才能雄武，心性刚狠。雄，指出众。心忍，心地残忍、心肠刚硬。　⑥凄然：悲伤的样子。愍：哀怜。

## 译文

　　汉武帝的乳母在外面犯了罪，武帝要依法处置她，乳母向东方朔求救。东方朔说："这不是口舌争辩能办成的事，你一定想得到救助的话，就在将要离开的时候，只是频频回头看皇帝，千万不要说话，这样或许有些微的希望。"乳母来到朝廷上，东方朔也陪侍在皇帝身旁，乘机对她说："你好痴啊！皇帝岂能还记着你哺乳时的恩情？"武帝虽然雄才大略，心性刚狠，对乳母也有深深的依恋之情，于是悲伤地怜悯起她来，立即下令赦免了她的罪。

# （七）陶公少有大志①

　　陶公少有大志，家酷贫，与母湛 (zhàn)

氏同居。同郡范逵（kuí）②素知名，举孝廉，投侃宿。于时冰雪积日，侃室如悬磬③，而逵马仆甚多。侃母湛氏语侃曰："汝但出外留客，吾自为计④。"湛头发委地，下为二髲（bì）⑤，卖得数斛（hú）⑥米，斫（zhuó）诸屋柱，悉割半为薪⑦，剉（cuò）诸荐以为马草⑧。日夕，遂设精食，从者皆无所乏。逵既叹其才辩，又深愧⑨其厚意。明旦去，侃追送不已，且百里许。逵曰："路已远，君宜还。"侃犹不返。逵曰："卿可去矣。至洛阳，当相为美谈⑩。"侃乃返。逵及洛，遂称之于羊晫（zhuó）、顾荣诸人，大获美誉。

### 注释

①选自《世说新语·贤媛》（张万起、刘尚慈《世说新语译注》，中华书局1998年版）。陶公，即陶侃，字士衡，晋庐江寻阳人。官至荆州刺史。成帝初，苏峻反，建康失守，侃起兵平乱，因功封长沙郡公。 ②范逵：鄱阳孝廉，与侃为友。 ③室如悬磬：屋子里空无所有。形容家境贫寒。磬，古代石制乐器，悬挂在架子上敲击。 ④自为计：自己想办法。 ⑤头发委地，下为二髲：头发下垂到地上，剪下做两

个假发。委地，下垂到地上。髲，假发。　⑥斛：容器名，也作容量单位，古以十斗为一斛。　⑦薪：柴。　⑧剉：同"锉"，铡碎。荐：草垫，卧席。　⑨愧：感谢。　⑩当：将，将要。相为：为你。相，偏指一方。

译文

　　陶侃少年时就有大志，家里极其贫寒，和母亲湛氏住在一起。同郡人范逵一向很有名，被举荐为孝廉，（有一次）到陶侃家投宿。那时，冰雪满地已多日，陶侃的家里一无所有，而范逵车马仆人又很多。陶侃的母亲湛氏对陶侃说："你只管出去到外面留下客人，我来想办法。"湛氏头发拖到地上，剪下分成两份卖了，买回几斛米。又把房屋的柱子都砍下一半来做柴，把草垫子都剁了做马的草料。傍晚，便摆上了精美的食物，随从的人也都不欠缺。范逵既叹服陶侃的才华和口才，又对他的盛情款待深表感谢。第二天早晨，（范逵）离开，陶侃追着他送了一程又一程，快要送到百里左右的地方。范逵说："路已经走得很远了，您该回去了。"陶侃还是不肯回去。范逵说："你可以回去了。到了洛阳，一定为你美言一番。"陶侃这才回去。范逵到了洛阳，就在羊晫、顾荣等人面前称赞陶侃，使他收获了好名声。

阅读提示

　　《世说新语》由刘宋宗室临川王刘义庆（403—444）组织门下文人杂采众书编纂而成，是记述后汉至南朝刘宋人物言谈轶事的笔记小说。主要为人物品藻、清谈玄言和机智应对的故事。编者对清谈名士的逸世独行颇多赞许，对他们的狂放简傲亦有微词，有时虽对人物不作评判，而高下自见。该书文字质朴，记事记言均言简意赅、生动隽永，记人则个性鲜明，切中传神，鲁迅先生概括其艺术特色为"记言则玄远冷隽，记行则高简瑰奇"。

《世说新语》反映了门阀世族的思想风貌，保存了社会、政治、思想、文学、语言等方面的史料，影响深远。有许多至今广泛应用的成语便是出自此书，例如"难兄难弟""拾人牙慧""咄咄怪事""一往情深"等等。

本书所选"范宣受绢""蔡洪赴洛""谢公与人围棋""许掾尝诣简文""抚军问孙兴公""东方朔救乳母""陶公少有大志"七篇分别选自"德行""言语""雅量""赏誉""品藻""规箴""贤媛"。篇名是编选者所加。我们从这七篇中可以一窥《世说新语》的言语和内容。魏晋名士风流，个人品行的修为和品评之风很盛，《世说新语》就是这一社会风气的反映和记载，今人评其为"一部魏晋风流的故事集"，"名士'教科书'"，是魏晋名士的群体像。有些名士的个人修为和高尚德行，在我们在成长成才过程中，是可以学习和借鉴的。

这七篇中你最喜欢哪一（几）篇？说说你对魏晋名士和当时社会风气的理解。

《世说新语》七则 刘义庆

# 《文选·序》节选①

## 萧 统

余监抚余闲②，居多暇日。历观文囿，泛览辞林③，未尝不心游目想，移晷（guǐ）④忘倦。自姬汉以来，眇（miǎo）焉悠邈⑤，时更七代，数逾千祀⑥。词人才子，则名溢于缥（piǎo）囊（náng）⑦；飞文染翰，则卷盈乎缃（xiāng）帙（zhì）⑧。自非略其芜秽，集其清英⑨，盖欲兼功，太半难矣⑩。

若夫姬公之籍，孔父之书⑪，与日月俱悬，鬼神争奥⑫，孝敬之准式，人伦之师友⑬，岂可重以芟（shān）夷（yí）⑭，加之剪截？老庄之作，管孟之流⑮，盖以立意为宗，不以能文为本。今之所撰，又以略诸⑯。

若贤人之美辞，忠臣之抗直⑰，谋夫之话，辨士之端⑱，冰释泉涌⑲，金相（xiàng）玉振⑳。所谓坐狙丘，议稷下㉑，仲连之却秦军㉒，食（yì）其（jī）之下齐国㉓，留侯之发八难（nàn）㉔，曲逆之吐六奇㉕，盖乃事美一时，语流千载，概见坟籍㉖，旁出子史。若斯之流，又亦繁博，虽传之简牍，而事异篇章㉗。今之所集，亦所不取。

至于记事之史，系年之书，所以褒贬是非，纪别异同㉘。方之篇翰㉙，亦已不同。若其赞论之综辑辞采，序述之错比文华㉚，事出于沉思，义归乎翰藻㉛，故与夫篇什㉜，杂而集之。

远自周室，迄于圣代㉝，都㉞为三十卷，名曰《文选》云尔。凡次㉟文之体，各以汇聚㊱。诗赋体既不一，又以类分㊲；类分之中，各以时代相次㊳。

## 注释

①选自萧统编、李善注《文选》，上海古籍出版社1986年版。
②监：监国。皇帝外出，由太子代摄国政。抚：抚军。太子随从皇帝巡行外地。萧统是太子，所以这样说。　③文囿、辞林：都指各类文章。称"囿"称"林"，极言文章之多。　④移晷：经过一段较长的时间。晷，日影。　⑤眇焉：久远的样子。悠邈：年代久远。　⑥更：历，经。七代：指周、秦、汉、魏、晋、宋、齐。祀：年。　⑦缥囊：用淡青色的丝绸制成的书囊，此借指书卷。缥，青白色的绸子。囊，盛书的袋。　⑧飞文染翰：形容写作时才思敏捷。这是两个述宾结构。染翰，用笔蘸墨。缃帙：用于装书画的浅黄色套袋或套筒，此泛指书籍。缃，浅黄色的帛。帙，书画外面包着的布套，用布帛制成。　⑨自非：若非。芜秽：指不好的文章，等于说"糟粕"。清英：指好的文章。　⑩盖欲兼功，太半难矣：要想事半功倍，多半是很困难的了。兼，并二为一，倍。太半，多半。　⑪姬公：指周公旦。孔父：指孔子。两句泛指儒家尊奉的经典。　⑫与日月俱悬，鬼神争奥：指周、孔的书，深奥玄妙，可以与鬼神相较量。　⑬孝敬之准式，人伦之师友：周、孔等儒家经典是道德伦理方面的标准和楷模。　⑭重：加。芟夷：除草。这里指删削。　⑮老庄之作，管孟之流：老子，庄子，管子，孟子，这两句泛指先秦诸子的著作。　⑯今之所撰，又以略诸：现在我们所编纂的（指《文选》），又不收录它们。诸，之，指周、孔等儒家经典和诸子的著作。　⑰抗直：刚直不阿，这里指抗直的言论。　⑱辨：通"辩"。端：舌端，指言辞。《韩诗外传》卷七："君子避三端：避文士之笔端，避武士之锋端，避辩士之舌端。"　⑲冰释泉涌：比喻言辞滔滔不绝。　⑳金相玉振：比喻文章的内容和形式都很好。　㉑狙丘、稷下：都是齐国的地名。　㉒仲连之却秦军：鲁仲连使秦军退却。却，使动用法，使退却。事见《战国策·赵策三》。

赵孝成王时，秦兵围赵邯郸，魏安釐（xī）王使辛垣衍劝赵尊秦为帝。鲁仲连驳斥了辛垣衍，打消了"帝秦"的投降主张，秦将知道后，退却五十里。　㉓食其之下齐国：楚汉相争时，汉派郦食其劝说齐王田广归汉，下齐七十余城。事见《史记·郦生陆贾列传》。　㉔留侯之发八难：汉高祖听郦食其的计，准备封六国的后代来削弱楚，张良连出八个难题，才劝阻了这件事。难，提出难以回答的问题。事见《史记·留侯世家》。　㉕曲逆：指陈平。他被封为曲逆侯。吐六奇：出六个奇计。《史记·陈丞相世家》："凡六出奇计，奇计或颇秘，世莫能闻也。"这里"奇"作名词用，指奇计。　㉖概见坟籍：大都见于典籍记载。　㉗简牍：泛指书籍。古代以竹简、木片作为书写材料，狭长的竹木片叫简，较宽的木片叫牍。篇章：萧统用以指他心目中合乎文学标准的文章。　㉘纪别异同：即"记远近，别同异"的意思，也就是说清历史事件发生的时间。　㉙方：比。篇翰：与"篇章"同义，也指文学作品。　㉚赞论：《文选》中有"史论"一类，一般是对某种历史现象加以评论，提出作者的看法。史论在史书中有时也以"赞"的名称出现，故称"赞论"。综缉：综合连缀。辞采：和下句的"文华"，都指华美的辞藻。序述：指史书"叙传"的"述赞"，《文选》中有"史述赞"一类。序述一般是对历史人物作重点扼要的叙述，于叙述之中，寓褒贬之意。通常用韵文。错比：错杂比次，也即组织。　㉛事、义：指赞论、序述中所讲的事情、道理。沉思：深刻的构思。翰藻：作品的文采。两句互文见义，即"事"和"义"都是"出于沉思、归乎翰藻"的。　㉜篇什：一般指诗篇，这里泛指文学作品。㉝圣代：这里指梁代。　㉞都：总。　㉟次：编次，排列。　㊱各以汇聚：按类聚集。汇，类。《文选》把文体分成三十七类：赋、诗、骚、七、诏、册、令、教、文、表、上书、启、弹事、牋、奏记、书、檄、对问、设论、辞、序、颂、赞、符命、史论、史述赞、论、连珠、箴、铭、诔、哀、碑文、墓志、行状、吊文、祭文。　㊲诗赋体既不一，又以类分:《文选》中赋又分为"京都""郊祀"等十五类,诗又分"补亡""述德"等二十三类。 ㊳各以时代相次:都以时代顺序排列先后。

我任监国抚军的时候,平时有很多休闲的时光。广泛阅读历代文章,浏览典籍,未曾不内心默想,日光西斜,我忘记了疲惫。自从周、汉以来,年代久远,更换了七代,时间超过千年。词人才子的名字誉满文坛,他们才思敏捷,挥毫如飞,文章充满书套。如果不略去糟粕,采集其精华,想要事半功倍,恐怕是很难的了。

周公所著典籍,孔子所编诸书,能和日月一起高悬空中(流芳百世),能和鬼神较量深奥玄妙,它们是孝敬父母的准则法式,人与人交际方面的良师益友,哪里能再加以删削,加以裁剪?老子庄子的著作,管子孟子(等先秦诸子)的典籍,大概以表达人生基本的思想为宗旨,不以善于运用文辞作为目的。现在我编纂的这部《文选》,略去这些。

至于圣贤的美好文辞,忠臣的耿直言论,谋士的话语,有辩才之人的言辞,像冰雪消融泉水奔涌一样滔滔不绝,又像黄金一样美丽玉石一样的质地。所谓的古代辩士辩于狙丘,议于稷下,高谈阔论,折服众人,鲁仲连(靠辩才)使秦军退却五十里,郦食其(靠口才)拿下齐国,留侯张良提出八个难题,曲逆侯陈平献出六条奇技,他们的事迹美谈一时,流传千载,大略都已见于史籍，或出自诸子和历史著作。像这样一类很繁富，虽然记载在竹简帛书中，但跟文学作品不同，现在我们收集的这部书，也不收入其中。

像那些记载历史事件的史书，编年史书，用来褒贬是非，记载历史事件的时间的，和文学作品相比，已经有所不同。像那些"赞论"综合编辑华丽辞采，"述赞"组织安排文辞，事情出于深密的构思，表现出优美的文采，所以算是文学作品，我搜集它们编入此书。

上自周朝，下到当代（的文学作品），总共分为三十卷，取名叫《文选》。大致编排的体例，各自按门类汇聚一起。诗赋二类根据体制不同，又分成多类；多类之中，又按照时代先后编次。

**阅读提示**

《文选》的作者是南朝梁代文学家萧统，他是梁武帝萧衍长子，故又被称作"昭明太子"。这篇《文选》序文，共讲了四个问题：文章的起源、文章的体裁、选文的标准、编次的原则。其中论述了不同文体的区分，说明了选文的标准，其实也阐述了作者对于纯文学作品的界定标准：他重视当时文笔之辨的理论，注意到文学与非文学的界线，把经史、子等方面的著作划在文学范畴之外，体现了文学概念的发展。他心目中的文学就是"事出于沉思，义归乎翰藻"的作品。

## 学问思辨

1.读完《文选·序》，谈谈你对"事出于沉思，义归乎翰藻"的理解。

2.粗略翻阅《文选》，并对此文章，感受作者分类编选的标准。

# 《文心雕龙·神思》节选①

## 刘　勰

夫神思方运，万涂竞萌，规矩虚位②，刻镂无形。登山则情满于山，观海则意溢于海③，我才之多少，将与风云而并驱矣。方其搦（nuò）翰，气倍辞前④，暨（jì）乎篇成，半折心始⑤。何则？意翻空⑥而易奇，言征实而难巧也⑦。是以意授于思，言授于意，密则无际，疏⑧则千里：或理在方寸而求之域表，或义在咫（zhǐ）尺⑨而思隔山河：是以秉心养术，无务苦虑，含章司契，不必劳情也。

人之禀才，迟速异分⑩，文之制体，大小殊功。相如含笔而腐毫⑪，扬雄辍翰而惊梦，桓谭疾感于苦思⑫，王充气竭于思虑，张衡研《京》以十年⑬，左思练《都》以一纪⑭。虽有巨文，亦思之缓也。淮南崇朝而赋《骚》⑮，枚皋应诏而成赋，子建援牍如口诵⑯，仲宣举笔似宿构，阮瑀(yǔ)据案而制书<sup>⑰</sup>，祢(mí)衡当食而草奏<sup>⑱</sup>。虽有短篇，亦思之速也。

## 注释

①选自《文心雕龙·神思》（黄霖《文心雕龙汇评》，上海古籍出版社2005年版）。　②规矩：作动词用，按一定规矩加工，指对事物的揣摩。虚位：指存在于作家头脑中虚而不实之物。　③登山则情满于山，观海则意溢于海：这二句指构思中想到"登山"与"观海"的情景。　④方其搦翰，气倍辞前：此二句指想象比文辞丰富得多。辞前，作品未写成之前。辞，指作品。　⑤半折心始：此句是说写出来的文章不能表达原来的想法。半折，打了一半折扣。心始，心中开始想象的。　⑥翻空：即不受限制之意，展开想象的翅膀在空中驰骋。　⑦征实：求实，即把作者的想象具体的写出。难巧：难于工巧。⑧疏：疏漏，结合不好，指言不能准确表达意。　⑨咫尺：比喻距离很近。　⑩异分：不同，区别。　⑪含笔：笔浸在墨汁中。腐毫：即毛笔都腐烂了。毫，毛笔。　⑫桓谭疾感于苦思：桓谭《新论·祛蔽》篇中说自己年少时羡慕扬雄文章写得好，因苦思太甚而发病。　⑬张衡研《京》以十年：《后汉书·张衡传》说，张衡学习班固的《两都赋》作《二京赋》（《西京赋》《东京赋》），共花了十年时间。　⑭左思练都以一纪：《文选》卷四《三都赋序》李善注引臧荣绪《晋书》说，左思《三都赋》的构思写作花了十余年时间。一纪，十二年。　⑮淮南：淮南王刘安。崇朝：终朝，指一个早晨。崇，终。　⑯子建援牍如口诵：曹植拿着木片写文章好像把背诵过的文章抄写下来一样。　⑰据案：伏在马鞍上。案，应作"鞍"。制书：写文章。　⑱当食：指吃饭时。草奏：写出文章。《后汉书·祢衡传》中说，荆州牧刘表一次

在和诸文人共同草拟奏书，这时祢衡外出而归见奏书写得不好，很快另写好一篇。又黄射大宴宾客，有人献来鹦鹉，黄射请他赋鹦鹉，他席前很快写好《鹦鹉赋》。

## 译文

构思想象刚要开始运转的时候，各种思路一起萌发，没有形成固定的文思，要在这些无形的思路中雕刻出要创作的形象。登上高山，那么思路中就充满着山间景色，看到大海，情意就都是海上风光，我才能的多少，好像和风云一起并驾齐驱（无法计量）。刚刚起笔，意气风发，比文辞要更充足，等到文字写成后，刚刚开始想的已经折掉了一半。为什么呢？意凭空而起容易奇特，而语言文字比较实在，往往难以表达那样奇巧的情思。所以文章的意思起于作者的思想感情，而语言又受文章内容支配。如果文章内容、作者思想和语言文辞三者结合紧密，那文章就天衣无缝，否则就会疏漏相差千里。有的道理就在心里，却要到很远的地方去求；有的意思就在眼前，却像隔着千山万水。所以秉持虚空宁静心思、加强修养的方法，不要专注于苦思冥想，要体悟外物，不必去劳心累情。

每个人的禀赋才能，快慢天性不同，文章的体制，有大有小，也有不同的功能。司马相如把笔浸在墨汁里笔毫都泡烂了（才写出文章来）；扬雄刚停下笔就睡着做了噩梦；桓谭因为苦苦思索而感疾生病；王充由于思虑过度，耗尽了气力精神；张衡精研写作《二京赋》，用了十年时间；左思锤炼《三都赋》，花了十二年。（这些文人）虽然写成了大文章，也是思路缓慢。淮南王刘安（受汉文帝诏令）一个早晨就写完了《离骚赋》；枚皋应（汉武帝）诏令就写成了赋作；曹子建曹植铺开简牍就开始创作，就像背诵文章；王粲王仲宣提笔便写仿佛提前构思好了；阮瑀凭着马鞍就写成了书信，立马可待；祢衡在宴席上便能起草奏书。（这些文人）虽然著作的是短篇，也是文思敏捷。

阅读提示

　　《文心雕龙》是中国南朝梁文学理论家刘勰创作的一部理论系统、结构严密、论述细致的文学理论专著，也是中国文学理论批评史上第一部有严密体系的文学理论专著。本文选自《文心雕龙》的"神思"篇。《神思》是《文心雕龙》的第二十六篇，主要探讨了文人进行创作之前的艺术构思问题。

　　从《神思》到《总术》共十九篇，这十九篇是《文心雕龙》的"创作论"部分。《神思》篇是刘勰创作论的总纲。第一段作者首先阐述艺术构思的特点和作用。他指出，作家从最初的思绪纷纷，到从中雕刻出要创作的形象，再到运用语言描摹出这种情状和形象，最后形成的文学作品往往与最初的构思相去已远；第二段以过去的作家为例，表明艺术构思有不同类型：扬雄、桓谭、王充、张衡、左思等创作鸿篇巨制，速度迟缓；刘安、枚皋、曹植、王粲、阮瑀、祢衡等应制短篇，立马可就，文思敏捷。文章类型不同，作者创作迟缓不同，但他们的文学创作都一样符合文学构思的几个阶段和基本规律，在平时多练习之外，都要努力增进见识，在构思中抓住重点，这样，才能取得创作的成功。

## 学问思辨

　　刘勰描述了艺术创作构思的特点和过程，以及在构思过程中生活经验、修养体悟、见识、语言运用等方面的重要作用，你在写作的过程中意识到这些方面的重要作用了吗？写一篇短文，谈谈体会。

# 《诗品·序》节选①

锺 嵘

气之动物，物之感人②，故摇荡性情，形诸舞咏③。照烛三才，晖丽万有④，灵祇（qí）待之以致飨，幽微藉之以昭告⑤。动天地，感鬼神，莫近于诗⑥。

昔《南风》之词，《卿云》之颂，厥义夐（xiòng）⑦矣。夏歌曰"郁陶乎予心"，楚谣曰"名余曰正则"⑧，虽诗体未全，然是五言之滥觞⑨也。逮汉李陵，始著五言之目矣。古诗眇邈⑩，人世难详，推其文体，固是炎汉之制，非衰周之倡也⑪。自王、扬、枚、马⑫之徒，词赋竞爽，而吟咏靡（mǐ）闻。从李都尉迄班婕（jié）妤（yú）⑬，将百年间，有妇人焉，一人而已。诗人之风，顿已缺丧。东京二百载中，惟有班固《咏史》，质木无文。

降及建安⑭，曹公父子⑮，笃好斯文；平

原兄弟，郁为文栋⑯；刘桢、王粲，为其羽翼⑰。次有攀龙托凤，自致于属车⑱者，盖将百计。彬彬⑲之盛，大备于时矣。尔后陵迟⑳衰微，迄于有晋。太康中，三张、二陆、两潘、一左㉑，勃尔俱兴，踵（zhǒng）武前王㉒，风流未沫，亦文章之中兴也。永嘉时，贵黄、老，稍尚虚谈㉓。于时篇什，理过其辞，淡乎寡味。爰及江左，微波尚传㉔。孙绰、许询、桓、庾诸公诗，皆平典似《道德论》，建安风力尽矣㉕。先是郭景纯用俊上之才，创变其体；刘越石仗清刚之气㉖，赞成厥美。然彼众我寡，未能动俗。逮义熙中，谢益寿斐然继作㉗。元嘉中，有谢灵运，才高词盛，富艳难踪，固以含跨刘、郭，凌轹（lì）潘、左㉘。故知陈思为建安之杰，公幹、仲宣为辅；陆机为太康之英，安仁、景阳为辅；谢客为元嘉之雄，颜延年为辅；斯皆五言之冠冕，文词之命世也㉙。

……

261

若乃春风春鸟，秋月秋蝉，夏云暑雨，冬月祁寒㉚，斯四候之感诸诗者也。嘉会寄诗以亲，离群托诗以怨。至于楚臣去境，汉妾辞宫㉛。或骨横朔野，魂逐飞蓬㉜；或负戈外戍，杀气雄边；塞客衣单，孀闺泪尽；或士有解佩㉝出朝，一去忘返；女有扬蛾入宠，再盼倾国㉞：凡斯种种，感荡心灵，非陈诗何以展其义？非长歌何以骋其情？故曰："诗可以群，可以怨㉟。"使穷贱易安，幽居靡闷者，莫尚于诗矣。

### 注释

①选自周振甫《诗品译注》，中华书局1998年版。 ②气：节气。刘勰《文心雕龙·物色》："春秋代序，阴阳惨舒。物色之动，心亦摇焉。"节气指春秋的变化，春气舒畅，秋气悲惨，摇动人的心灵。 ③形诸舞咏：古代歌舞结合，《诗经·大序》："情动于中而形于言，言之不足，故嗟叹之；嗟叹之不足，故咏歌之；咏歌之不足，不知手之舞之足之蹈之也。" ④照烛三才，晖丽万有：人们的歌舞，可以使得天地万物即人间都显得光辉灿烂。照烛，照耀。三才，天地人。晖丽，光辉艳丽。万有，万物。 ⑤"灵祇"两句：前后两小句是互文的修辞手法，灵祇（神）、幽微（鬼）都接受祭祀，都向神鬼

祷告。　⑥"动天地"三句：《诗经·大序》："故正得失，动天地，感鬼神，莫近于诗。"古人认为用歌舞来祭祀天神地祇和鬼，会使神鬼感动。　⑦夐：深远。　⑧"夏歌"两句：《尚书·五子之歌》"郁陶乎予心"这是夏代的歌。郁陶，忧思郁积。楚谣即楚歌，指《楚辞》。《屈原·离骚》"名余曰正则"，屈原父给他取名为"平"，故称"正则"，正，平。则，法。　⑨滥觞：浮起酒杯，指开头。《荀子·子道》："昔者江出于岷山，其始出也，其源可以滥觞。"指长江的源头水少，只可以浮起酒杯。　⑩古诗眇邈：《文选》有《古诗十九首》，皆没有作者名。锺嵘所看到的古诗，超过十九首。眇邈，久远。　⑪炎汉：秦汉方士以金、木、水、火、土五行相克来说王朝的命运，刘向《三统历》以秦为水德，称汉以火德兴起，称炎汉。衰周：指春秋战国时代。　⑫王、扬、枚、马：王褒、扬雄、枚乘、司马相如，都是赋家。　⑬李都尉：李陵官骑都尉。班婕妤：汉成帝的婕妤，宫中女官，有《怨歌行》一首。　⑭建安：汉献帝年号（196—219），当时曹操执政，政权已归曹操。　⑮曹公父子：曹操和他的儿子曹丕。　⑯平原兄弟：曹植和他的弟弟曹彪。曹植曾被封为平原侯。郁：盛。文栋：文坛的栋梁。　⑰刘桢、王粲：建安文学的著名作者。羽翼：犹辅佐。　⑱属车：侍从的车子，指部属。　⑲彬彬：文质兼备。《论语·雍也》："文质彬彬，然后君子。"　⑳陵迟：逐渐下降。　㉑太康：晋武帝年号（280—289）。三张：张载、张协、张亢。二陆：陆机、陆云。两潘：潘岳、潘尼。一左：左思。都是诗人。　㉒勃尔：突然。踵武前王：继承前代的王者，指继承曹操父子提倡的建安文学。　㉓永嘉：晋怀帝年号（307—312）。黄、老：黄帝、老子，道家宗奉黄帝、老子。虚谈：清谈，不务实际，只讲玄理。　㉔爰：于是。江左：江东，东晋建都在建康，在江东。微波：指清谈的影响。　㉕平典：平淡质朴。建安风力：建安文学的风骨，风指气的生动，骨指文辞有力。　㉖郭景纯：郭璞字景纯。刘越石：刘琨字越石。清刚：清新刚健。　㉗义熙：晋安帝年号（405—418）。谢益寿：谢混，小字益寿。斐然：文采貌，谢混的山水诗有文采。 ㉘元嘉：宋文帝年号（424—453）。含跨：包含超过。凌轹：压倒。 ㉙陈思：曹植封陈王，卒谥思。公幹：刘桢字。仲宣：王粲字。安仁：潘岳字。景阳：张协字。谢客：谢灵运，幼名客儿。颜延年：颜延之字延年。冠冕：为首。命世：名高一世。 ㉚夏云暑雨，冬月祁寒：《尚书·君牙》："夏暑雨，小民惟日怨咨。冬祁寒，小民亦惟日怨咨。" ㉛楚臣去境：屈原被放逐，离开国都。境，当指国都。汉妾辞宫：汉元帝时，匈奴呼韩邪单于入朝，帝以官人王昭君嫁给他，昭君离开汉宫出塞。 ㉜朔野：北方荒野。飞蓬：蓬草，秋枯根拔，风卷而飞，故称飞蓬。 ㉝解佩：解下文官所佩印绶，指辞官。 ㉞扬：扬起。蛾：蛾眉。倾国：汉李延年歌："北方有佳人，绝世而独立。一顾倾人城，再顾倾人国。宁不知倾城与倾国，佳人难再得。" ㉟诗可以群，可以怨：见《论语·阳货》。群，指群居相切磋。怨，指怨刺上政。

## 译文

节气使万物发生变化，万物感动人，所以摇动人的性情，表现为舞蹈和咏唱。它照耀着天地人三才，使万物充满光辉，显得艳丽，神灵等待它来接受祭祀，幽冥之情依赖它来昭告。感动天地、鬼神，没有什么比诗歌更接近的了。

从前《南风》的歌词，《卿云》的歌颂，它的意义很深远了。夏代的歌说"忧郁啊我的内心"，《楚辞》说"给我取名叫'正则'"，虽然诗的体裁不全（是五言），但是它们是五言的起源。一直到西汉的李陵，开始创作五言诗这一类诗歌了。古诗年代久远，作者和时代难以确考，推究它的文体，自然是汉代的创作体制，不是周代末的开创。自从王褒、扬雄、枚乘、司马相如等人（以来），词赋争胜，却没有听说过诗歌创作。从李陵李都尉到班婕妤，约一百年间，出的女作家，只有一人罢了。诗人作诗之风，立刻缺少乃至丧失。东汉二百年中，只有班固《咏史》诗，质朴没有文采。

下至建安年间，曹操、曹丕父子，非常爱好诗歌；曹植、曹彪两兄弟，兴起成为文坛栋梁；刘桢、王粲，成为文坛的副手。其次有攀附权势，攀龙附凤的，自己到达部属级别的，大概将要到一百个。文质结合的兴盛，在当时非常完备了。后来逐渐衰落，直到晋代。太康年间，有张载、张协、张亢"三张"，有陆机、陆云"二陆"，有潘岳、潘尼"两潘"，左思"一左"，突然都兴起来了，继承前代的王者，风流未尽，也是诗歌古文的中间兴盛。永嘉时，看重黄帝、老子（的学说），稍稍崇尚清谈。这时期的文章，文理超过它的文辞，平淡少味。到了东晋，（清谈的影响）像微波一样还在传，孙绰、许询、桓温、庾亮诸位的诗，都平淡朴实像《道德论》，建安文学的风骨已经不传了。最开始是郭璞（郭景纯）以高俊的才华创新改变它的体裁；刘琨（刘越石）依靠清新刚健的气概赞成它的美好。然而他们的人多，我们的人少，没有能够改变时俗。到了义熙中，谢混（谢益寿）文采斐然地创作。到刘宋元嘉间，有了谢灵运，不但文才高，而且辞藻丰，语言富丽难以寻踪，确实已经包含和超越了刘琨、郭璞，压倒了潘岳、左思。所以说曹植是建安文学的杰出代表，刘桢（刘公幹）、王粲（王仲宣）辅佐他们；陆机是太康英杰，潘岳、张协作为辅佐；谢灵运是元嘉间的英雄，颜延年作为辅佐：这些都是五言诗为首的人，文词名高一代的诗人。

……

像那春风吹，春鸟鸣，秋月明，秋蝉噪，夏暑，云雨，冬冷，酷寒，这些都是四季征候给人的感触表现在诗里的。好的集会用诗来寄托亲密之情，离开集体用诗来寄托怨念。至于楚国臣子离开国都，汉朝的宫女辞别宫廷，有的尸骨横在北方的荒野，灵魂追逐着翻飞的蓬草；有的拿着兵器在边外戍守，战斗的杀气充斥边塞；塞外的游子衣裳单薄，妇人独居闺中，眼泪哭干；有的士人解下官佩离开朝廷，一离开就不再回来；有的女子扬起蛾眉，入宫受宠，屡次顾盼，倾动国人：所有这些情境，感动心灵，不作诗怎么来表达这个意思？不长歌用什么来驰骋他的感情？所以说："诗歌，可以合群切磋，也可以怨刺上级。"能让穷贱的人容易安心，幽居的人不苦闷的，没有比诗更好的了。

**阅读提示**

《诗品》是继《文心雕龙》出现的一部品评诗歌的文学批评名著。这两部著作相继出现在齐梁时代不是偶然的，因为它们都是在反对齐梁形式主义文风的斗争中的产物。《诗品》所论的范围主要是五言诗。全书共品评了两汉至梁代的诗人一百二十二人——上品十一人、中品三十九人、下品七十二人。

本篇序言选段中前几段主要梳理了诗歌的历史，从《楚辞》到汉代的辞赋，从建安年间曹氏父子到魏、晋、南北朝诸位诗人，从诗歌的潮流到诗歌的风气内容，言简意赅，线索清晰。

选文最后一段，列举了诗歌的内容：从四季变化，到臣子宫女、戍边守国之人，亦有游子、思妇、勇士、蛾眉；诗歌的功用：兴、观、群、怨。总之，选段全面介绍了诗歌的历史、特点、内容和功用。

## 学问思辨

"东京二百载中，惟有班固《咏史》，质木无文"，读班固《咏史》，说说这里"质木无文"的含义是什么？

# 四　尺幅之间，人世波澜

## 请假启①

### 鲍照

　　臣启：臣居家乏治，上漏下湿。暑雨将降，有惧崩压。比欲完葺（qì）②，私寡功力③，板锸（chā）陶涂④，必须躬役⑤。冒欲请假三十日，伏愿天恩，赐垂矜许⑥。手启复追悚（sǒng）息⑦。谨启。

---

**注释**

①选自钱仲联《鲍参军集注》，上海古籍出版社1980年版。　②完葺：修缮。　③功力：指做事所需的时间、力量。　④板锸陶涂：泛指一切修葺事宜。　⑤躬役：亲自劳作。　⑥矜许：因怜悯而准假。　⑦追：追念，回想。悚息：惶恐喘息。书牍套语。

## 译文

臣请示：臣的住宅，缺乏修整。屋上漏雨，地面湿滑。夏天的多雨即将到来，我害怕房屋会倒塌。想要修葺整理，我自己又没有时间、力量，各种修葺事宜，都需要我自己来做。所以斗胆请假三十天，希望陛下天恩浩荡，准许我的请求。上启后惶恐喘息。谨启。

## 阅读提示

鲍照是南朝宋文学家，他和颜延之、谢灵运合称"元嘉三大家"。他出身寒族，却凭借诗才走上仕途，成为在皇帝身边起草国家公文、诏令的朝官。鲍照长于乐府诗，他的七言诗对唐代诗歌的发展起了很重要的作用，享有"清新庾开府，俊逸鲍参军"的美誉。

本篇《请假启》是他在担任南朝宋国太学博士、中书舍人时向皇帝请假的条子。他老家的房子在下雨时"上漏下湿"，夏天雨季的到来，更使房屋有"崩压"的危险。为了把家宅修葺整治一番，只能自己亲自动手，于是便有了这张请假条。这么一个朝廷重臣，在假条中的用语是如此的谨慎谦恭，"伏愿天恩，赐垂矜许"，让人顿生感慨。

这张请假条中，鲍照的本色、对皇帝的谨慎谦恭，都给后人留下了深刻的印象，其中，让你最有感触的是哪一点？为什么？

# 为衡山侯与妇书①

何 逊

昔人遨游洛汭（ruì）②，会遇阳台，神仙仿佛，有如今别③。虽帐前微笑，涉想④犹存；而帏里余香，从风且歇⑤。掩屏为疾，引领⑥成劳。镜想分鸾，琴悲《别鹤》。心如膏火，独夜自煎；思等流波，终朝不息。始知萋萋萱草⑦，忘忧之言不实；团团轻扇，合欢之用为虚。路迩人遐，音尘寂绝。一日三秋，不足为喻。聊陈往翰，宁写款怀⑧？迟（zhì）枉琼瑶⑨，慰其杼轴⑩。

**注释**

①选自《何逊集》，中华书局1980年版。衡山侯：即萧恭，字敬范，封衡山县侯。　②洛汭：洛水入黄河处。　③有如：好像。今别：今天才分别。　④涉想：想象。　⑤从风：随风。且：将。歇：散发，消失。　⑥引领：伸着脖子。　⑦萱草：忘忧草。　⑧聊：姑且。陈：叙说。翰：文思。宁：难道。写：抒发。款怀：深深的情怀。　⑨迟：盼望，期待。枉：谦辞，意谓让对方回信是委屈了对方。琼瑶：《诗

经·卫风·木瓜》:"报之以琼瑶。"后来用以指回信。 ⑩杼轴:亦作"杼柚",织机,妇人所用,这里借指对妇人的思念。

## 译文

　　从前,有人到洛水入黄河处游玩,正好遇到阳台。仿佛神仙还在,好像刚刚告别。即使是帐幕前她的微笑,想想好像还在;而帐内她余下的香味,随风飘走了。掩上屏风(伤心)得好像生病了,一直伸着脖子(张望)都劳累了。镜子里尚且有影子,我们却已经分开了,听到琴声,感觉好像听到了《别鹤》一样悲哀。我的内心如膏火,独自在夜里忍受煎熬;思念等同于波涛,整天都不会停息。方才知道,茂盛的忘忧草,它能让人忘忧不是真的;圆的团扇,它能让人团聚的说法是虚假的。路很近,人与人之间的距离却很远,消息和行迹都已经断绝到没有。过了一日就像过了三秋,这种说法都不足以表达(我的思念之情)。姑且给你去一封信,可哪里能表达我深深的情怀?期望你的回信,安慰我的思念夫人之情。

### 阅读提示

　　从内容上看,这是一篇丈夫写给妻子的书信。信中抒发了自己的思念深情:从妇之微笑,到绣帐里的香味,都是可想可回忆甚至可感但却不可即的。于是回到现实生活中来，掩上屏风不让自己痴想，却又忍不住伸长了脖子，直到脖子发酸。屋子里的东西只会让自己想起妻子以及与妻子的离别，这种感觉终日不息，令人不堪熬煎。回想古人萱草忘忧、团扇合欢的传说，而今自己体会到的都是惘然。没有对方一点点消息的日子，一日三秋都不足表达自己所受相思的煎熬。就说到这儿吧，写这些东西又哪里能表达我的情怀呢？真是"此情无计可消除"，才下笔头，却上心头。

从形式上看，这又是一篇骈文。骈文讲究语句骈偶相对，语音平仄相对。骈文句格虽然谐美，但是我们要想理解其义，就要回环往复地读。因为欲求整齐的缘故，它往往省略字词，比如，"微笑"者"妇"也，"涉想"者"侯"也，可是主语皆没去不提；语句也是错综的，如"镜想分鸾"遥领"思等流波，终朝不息"；"琴悲《别鹤》"紧接"心如膏火，独夜自煎"。所以，我们在读骈文的时候，不能像读散文那样一味向前看，而是得时时反顾，念完这一句，还要等这一句与上一句残留着的印象妥帖地重叠之后，才放心地接着读下去。

　　读著名词人李清照的词，感受"绿肥红瘦"的伤感、体味"满地黄花堆积。憔悴损，如今有谁堪摘？守着窗儿，独自怎生得黑"的煎熬、想象"花自飘零水自流，一种相思，两处闲愁。此情无计可消除，才下眉头，却上心头"的无奈。在此基础上对比李清照的词和本篇书信的相通之处。